하나님을 경험하는 기도

Experiencing GOD through Prayer

by Madam Guyon ⓒ Copyright 1984
by Whitaker House Publishing
30 Hunt Valley Circle New kensington, PA 15068
All right reserved

이 책의 저작권은 터치북스에 있습니다.
저작권법에 의하여 한국 내에서 보호를 받는 저작물이므로
무단전재와 무단복제를 금합니다.

하나님을 경험하는
기도

잔느 귀용 지음
편집부 옮김

터치북스

이 책에 대한 서평

작지만 멋진 책

이 책을 다 읽는 데는 단 몇 시간밖에 걸리지 않았다. 잔느 귀용의 글은 쉽게 읽히면서도 강력하고 성령의 지혜로 가득 차 있다. 자신의 일생을 통해 경험한 하나님의 사랑을 보여주고 있기 때문일 것이다. 잔느 귀용은 하나님의 음성을 듣는 기술에 관해 말하는 많은 책들과는 달리, 자신의 기도의 삶을 통해 직접 경험한 것들을 솔직하게 이야기해 주고 있다. 또한 자신이 경험한 하나님을 독자들도 경험할 수 있다고 용기를 주면서 그 기도의 여정을 편안하고도 쉽게 안내한다. 이 책은 로렌스 형제의 《하나님의 임재 연습》 이상으로 꼭 읽어봐야 할 영적 고전이라 할 수 있다. _ Joe

마음으로 드리는 기도를 배우게 되었다

잔느 귀용은 단순한 진리를 가르쳐 준다. 그것은 바로 머리가 아니라 마음으로 기도를 드리라는 것이다. 잔느 귀용은 활동하고 있는 동안에도 어떻게 마음을 고요하게 하여 하나님을 기다리고 만날 수 있는지 알려 준다. 이 짧은 책을 읽고 나는 성령께서 말씀을 통해 하나님과의 개인적인 관계 속으로 이끄심을

경험하게 되었다. _ selmajoey

현대의 크리스천들이 '꼭' 읽어야 할 책

잔느 귀용은 이 책의 전반에서 오늘날 교회들이 오랫동안 잊어온 내용을 다룬다. 그것은 바로 주님과의 깊은 교제다. 책의 각 페이지마다 하나님을 향한 그녀의 열정이 명백히 나타나 있다. 그래서 그녀의 글은 읽는 이에게 하나님과 만남에 대한 확신을 주고 용기를 준다. 이 책은 우리에게 "꼭 필요한 단 한 가지"가 무엇인지 깨닫게 해주고 실제로 하나님을 경험하는 기도로 인도해 주는 진정한 영적 고전이다. _ hburrell

누구나 하나님을 경험하는 기도를 할 수 있다

그리스도께 집중하며 기다린다는 것이 대단한 일처럼 보인다. 그러나 이 책은 그것이 결코 어렵거나 영적 거장들만 할 수 있는 것이 아니라 누구라도 가능하다는 것을 깨닫게 해준다. 하나님과 더욱 가까워지도록 인도하고 그분께 집중할 수 있도록 도와주는 훌륭한 도구이다. _ customer

Prologue

단순한 기도로
하나님을 경험하십시오

이런 보잘것없는 글이 책으로 묶여질 줄은 꿈에도 상상하지 못했습니다. 원래 이 글은 제가 아끼는 하나님을 사모하는 지인(知人)들에게 주려고 쓴 것입니다. 그런데 이 글을 읽고 큰 축복을 누린 분들이 여분이 있으면 좀더 보내 달라는 요청을 해오셨고, 그 일이 계기가 되어 이렇게 출판까지 하게 되었습니다.

저는 사람들이 이 책을 통해 하나님을 사랑하고

그분을 보다 잘 섬기게 되기를 바랍니다. 그래서 예수님을 전혀 모르거나 기독교에 대해 잘 모르는 분들도 이 글을 읽고 하나님을 향한 사랑과 참된 헌신의 마음을 품을 수 있도록 쉽고 단순하게 썼습니다.

수많은 기도 서적에 대한 편견을 버리고 열린 마음으로 이 책을 읽다 보면 지극히 일상적인 표현들 속에 숨겨진 하나님의 거룩한 비밀을 발견하게 될 것입니다. 그리고 그 비밀은 당신이 가는 길의 등불이 되어 누구나 누릴 수 있고, 또 누려야 마땅한 행복의 길로 당신을 인도해 줄 것입니다.

하나님 앞에서 흠 없는 사람이 되고 싶습니까? 그렇다면 당신 안에 계신 하나님을 찾으십시오. 이런 말을 하면 어떤 독자는 "너희가 나를 찾아도 만나지 못할 터이요"요 7:34라는 말씀을 인용하면서 이의를 제기할지도 모릅니다. 그러나 마태복음 7장 7절에는 이런 말씀도 있습니다.

"찾으라 그리하면 찾아낼 것이요."

그렇다면 하나님이 모순된 말씀을 하셨을까요? 그렇지 않습니다. 우리가 하나님을 찾아도 그분을 발견하지 못하는 데는 그럴 만한 이유가 있습니다. 하나님을 찾는다 하면서도 자신의 죄를 버리지 않았기 때문입니다. 자신을 내려놓고 하나님을 찾는 사람은 반드시 그분을 발견하게 될 것입니다.

많은 사람들이 거룩함을 두려움의 대상으로 여기며, 기도 응답은 받기 어렵다고 생각합니다. 그래서 대부분의 사람들은 기도를 통해 하나님을 만나는 일을 시도해 볼 엄두조차 내지 못합니다. 그러나 기도를 통해 기쁨을 발견하는 것이 얼마나 쉬운지 알게 되면, 밤새 기도해도 지루한 줄 모를 것입니다.

하나님이 우리를 얼마나 사랑하시고 우리와 얼마나 대화하기 원하시는지 알아야만 우리 자신에 대한 합리적인 기준을 세울 수 있고, 하나님이 주시는 것들을 기쁘게 받아 누릴 수 있습니다. 하나님의 궁극적인 뜻은 우리에게 좋은 것을 주시는 것입니다.

"자기 아들을 아끼지 아니하시고 우리 모든 사람을 위하여 내주신 이가 어찌 그 아들과 함께 모든 것을 우리에게 주시지 아니하겠느냐" 롬 8:32.

사람들은 세상을 살려면 넉넉한 배포와 끈기가 있어야 한다고 말합니다. 그러나 하나님이 보시기에 필요한 것은 한 가지뿐입니다.

"몇 가지만 하든지 혹은 한 가지만이라도 족하니라 마리아는 이 좋은 편을 택하였으니 빼앗기지 아니하리라" 눅 10:42.

이 구절에서 예수님이 주목하시는 것은 말씀을 배우고 듣는 것을 우선순위에 두는 마리아의 모습입니다.

하나님을 발견하는 것이 쉽지 않다고 생각하십니까? 그렇다면 이 책을 읽고 마리아처럼 시도해 보십시오. 설명을 듣는 것보다 직접 경험해 보는 것이 더 큰 확신을 줄 것입니다.

사랑하는 독자 여러분!

부디 성실한 자세와 겸손한 마음으로 이 책을 읽으십시오. 부정적인 생각을 가지고 비판하기 위해 읽는다면 아무것도 얻지 못할 것입니다. 나는 여러분이 이 책을 읽고 하나님을 향한 온전한 헌신을 품게 되길 바랍니다. 믿음을 저버린 자녀는 하나님의 슬픔이지만, 어린아이처럼 단순하게 하나님을 신뢰하는 자녀는 그분의 기쁨이 됩니다.

이 책을 통해 여러분이 가지고 있는 기도에 대한 모든 선입견과 편견이 깨어지기 원합니다. 또한 기도가 얼마나 유익하고 즐거운지 알려 주고 싶습니다.

사랑의 하나님을 열심히 찾으십시오. 그러면 분명히 그분을 만나게 될 것입니다. 주님의 발자취를 따라가십시오. 그러면 그분이 주시는 풍성한 행복을 누리게 될 것입니다.

잔느 귀용

차례

Prologue

단순한 기도로 하나님을 경험하십시오

1부 고요해지기

호흡하는 것보다 쉬운 기도 · 18

말씀을 소화시키며 기도하라 · 24

묵상 기도를 어떻게 할까? · 30

침묵 기도를 해야 하는 이유 · 38

잠잠히 기다리는 기도 · 41

영혼이 메마른 시기에는 · 45

완전해지는 길 · 48

2부 자신을 내려놓기

포기를 통해 계시하시는 비밀 • 54

옛사람을 벗는 길 • 59

하나님을 삶의 중심에 모시라 • 64

자신에 대한 평가는 하나님께 맡기라 • 68

자신을 잊고 하나님께 집중하라 • 73

형식에 얽매이지 말라 • 77

자신을 드린다는 것 • 80

3부 하나님을 경험하기

어린아이같이 기도하는 법 • 88

성령의 인도하심을 따르는 기도 • 96

하나님과 조화를 이루라 • 101

당신의 영을 자유롭게 하라 • 108

마음으로 하는 기도 • 114

기도를 통해 얻는 사랑의 능력 • 123

기도의 최종 목적지 • 127

Epilogue

진리의 종착지에 이르십시오!

1부
고요해지기

하나님이 당신에게
요구하시는 것은 '신뢰'입니다.

호흡하는 것보다
쉬운 기도

"기도를 통해 늘 하나님의 임재 안에 거할 수 있습니다."

기도는 하나님께 우리의 마음을 드리고 그분이 주시는 사랑을 받는 아주 단순한 일입니다. 특별한 은사를 받은 사람만 할 수 있는 어려운 일이 아닙니다. 누구나 하나님께 기도할 수 있고 응답 받을 수 있습니다. 그러나 많은 사람들이 자신은 기도의 소명을 받지 않았다고 생각합니다. 이것은 커다란 착각이며 오해입니다. 하나님은 우리 모두에게 기도할 것을 명령하셨기 때문입니다.

"쉬지 말고 기도하라" 살전 5:17.

영혼이 채워지지 않는 욕망으로 인해 주리고 목마르십니까? 삶이 아무리 채워도 채워지지 않는 "물을 가두지 못할 터진 웅덩이" 렘 2:13 같다고 생각되십니까? 그럴 때마다 "누구든지 목마르거든 내게로 와서 마시라" 요 7:37고 하신 주님의 초대를 기억하십시오. 주께로 나아가십시오. 갈급한 심령으로 주 앞에 나아와 풍성한 하나님의 은혜를 경험하십시오.

오십시오. 고뇌와 고통과 비참함을 가지고….
당신은 위로를 얻을 것입니다.
오십시오. 아프고 병든 이여,
당신은 나음을 입을 것입니다.
오십시오. 사랑으로 당신을 품어 주기 원하시는
아버지의 품으로 나아오십시오.
오십시오. 가난한 이여, 방황하는 양들이여,

참 목자에게 돌아오십시오.

오십시오. 죄인들이여,

당신의 구세주에게 오십시오.

오십시오. 영적 지식이 보잘것없다고 느끼는 이여,

당신도 능력 있는 기도를 할 수 있습니다.

오십시오. 차별의 골을 넘어 누구든지 오십시오.

예수께서는 우리 모두를 부르십니다.

하나님께 나아오는 자는 반드시 자신의 마음을 하나님께 드려야만 합니다. 마음으로 그분을 인정하지 않으면 하나님께 나올 수가 없으며, 그분의 사랑을 경험할 수도 없습니다. 그러므로 하나님을 향한 신실한 사랑과 마음으로 그분 앞에 나오십시오. 그리고 그분이 가르쳐 주시는 기도의 방법을 배우십시오.

하나님이 가르쳐 주시는 기도를 배우고자 하면 아무리 평범한 사람도 성령의 은사와 은혜로 말미암아 위대한 기도를 할 수 있습니다.

기도할 때 우리는 완전함에 대한 소망을 가질 수 있습니다. 불완전한 우리가 완전함에 대한 소망을 가질 수 있는 것은 기도를 통해 하나님의 임재 안에 머무를 수 있기 때문입니다. 하나님께서 "내 앞에서 행하여 완전하라"창 17:1고 말씀하시는 이유는 바로 이것입니다.

하나님의 임재를 경험하는 것은 어려운 일이 아닙니다. 우리가 그분을 찾으려는 마음보다 그분이 우리에게 오시려는 마음이 더 간절하시기 때문입니다. 우리가 그분을 영접하려는 마음보다 그분이 우리에게 자신을 주시려는 마음이 더 뜨겁기 때문입니다.

그러므로 우리가 알아야 할 것은 오직 한 가지인데 그것은 하나님을 찾는 구체적인 방법이며 숨 쉬는 것보다 쉽고 자연스러운 것, 바로 기도입니다.

그러므로 기도를 소홀히 하는 것은 죄가 됩니다. 그리고 기도가 이렇게 쉽다는 것을 안다면 이전처럼 기도 없는 삶을 살아갈 수는 없습니다.

이것이 당신과는 상관없는 일이라고 생각하지 마십시오. 공기를 호흡하며 살아가듯, 당신은 별다른 노력 없이도 기도함으로 하나님의 임재 안에서 살 수 있습니다.

그런데 어느 때든지 지켜야 할 규칙이 하나 있습니다. 당신의 행동을 제약하려는 것이 아닙니다. 누구나 쉽게 지킬 수 있는 간단한 규칙입니다.

그것은 바로 머리가 아닌 마음으로 드리는 기도여야 한다는 것입니다.

그 이유는 인간이 지성을 사용하는 데는 한계가 있기 때문입니다. 인간의 지성은 한 번에 한 가지 대상에만 집중할 수 있습니다. 그러나 마음에서 우러나온 기도는 그런 인간의 지성이 가지는 한계를 극복합니다. 감정이 혼란스러울 때를 제외하고는 마음에서 우러나오는 기도를 방해할 수 있는 것은 아무것도 없습니다. 하나님 만나는 것을 즐거워하고 그 사랑에 취하게 되면 기도할 때 당신을 방해할 수 있는 것은 아무것도 없습니다.
 자, 그러면 이제 마음을 가다듬고 하나님을 경험하는 기도를 찾아가는 순례의 여정을 시작해 봅시다.

말씀을 소화시키며 기도하라

"말씀 묵상은 하나님과 대화할 준비를 하는 것입니다."

누군가 나에게 어떻게 기도해야 할지 묻는다면, 이렇게 대답할 것입니다.

"우선 말씀을 묵상하십시오. 그런 다음 묵상한 말씀으로 기도하십시오."

말씀을 묵상한다는 것은 성경의 한 부분을 택한 후 다음과 같이 읽는 것입니다.

먼저 본문은 조금만 읽어야 합니다. 한 구절을 읽고 그것을 완전히 '소화시킨' 후 다음 구절로 넘어가십시오. '소화를 시킨다'는 말은 이런 뜻입니다. 한 구절에서 그 안에 담긴 의미를 최대한 끌어내 보십시오. 그렇게 한 구절을 충분히 생각해 본 다음, 다른 유사 구절과 연관 지어 보십시오. 그리고 그 구절을 머리 속에 기억해 두십시오. 이렇게 한 구절을 완전히 파악한 뒤, 같은 방법으로 다음 구절을 보십시오.

말씀을 묵상할 때는 한 번에 반 페이지 이상을 넘지 마십시오. 묵상을 통해 얻는 유익은 양이 아니라 질에 좌우됩니다.

속독으로 성경을 읽는 것은 금물입니다. 말씀을 빨리 읽는 사람은 마치 벌이 꽃 속을 비집고 들어가 꿀을 모으는 것이 아니라 꽃잎에 앉았다가 꽃가루를 묻혀 가는 정도의 유익밖에 얻지 못합니다. 속독은 다른 책을 읽는 데 활용하십시오.

이런 식으로 성경을 묵상하면 많은 유익이 있을 것입니다. 또한 말씀을 묵상하는 습관도 기르게 될 것이며, 이 습관은 당신이 온전한 그리스도인으로 자라는 데 큰 도움이 될 것입니다.

여기 입 안 가득 군침을 돌게 하는 맛있는 음식이 있습니다. 하지만 아무리 맛있는 음식도 정성을 다해 씹어 삼키고 소화시키지 않는다면 몸에 필요한 자양분이 될 수 없습니다. 음식은 삼키고 소화를 시켜야만 몸을 이롭게 할 수 있습니다. 하나님이 주시는 복된 영의 양식도 마찬가지입니다. 사랑을 실천하고 마음 깊이 하나님을 경외하면서 그 양식을 삼키고 소화시키십시오. 그러면 당신은 성숙한 그리스도인이 될 수 있을 것입니다.

묵상을 이제 막 시작하는 사람들이 꼭 알아 두어야 할 주의 사항이 있습니다. 이 구절 저 구절, 이 주제 저 주제로 왔다 갔다 하지 말라는 것입니다.

성경 말씀의 서로 다른 맛을 생생하게 즐기기 위해서는 한 구절씩 묵상하는 것이 좋습니다. 입에 있는 음식을 다 삼키기도 전에 다른 음식을 먹는 사람은 미련한 사람입니다. 성경 말씀을 소화시키는 원리도 마찬가지입니다.

이렇게 말씀 묵상하는 것을 습관화하면 비슷한 성격의 다른 성경 구절을 훨씬 수월하게 기억하게 될 것입니다. 그리고 하나님의 말씀을 삶에 적용하는 능력도 크게 향상될 것입니다.

이렇게 묵상한 후에는 다음과 같이 기도하십시오.

먼저 묵상했던 성경 본문을 펴 놓으십시오. 이 순간에는 하나님의 임재 안으로 들어가는 것에만 모든 정신을 집중하십시오. 이때 묵상했던 성경 구절은 당신의 마음이 다른 곳으로 흘러가지 않도록 지켜 줄 것입니다.

말씀을 통한 묵상 기도의 가장 큰 강점은 마음이 산만해지는 것을 막을 수 있어서 믿음이 어린 사람도 쉽게 기도할 수 있다는 것입니다. 실제로 이 기도를 통해 믿음이 어린 사람들이 빠른 속도로 크게 성장한 것을 볼 수 있었습니다.

언젠가 성 아우구스티누스는 이렇게 탄식했습니다.

"내가 진작 말씀으로 기도하는 법을 알았다면 하나님의 뜻을 찾으려고 그렇게 많은 시간을 허비하지 않았을 텐데!"

당신의 영이 하나님의 임재를 충분히 느낄 수 있을 정도로 평화로워지면, 그리고 당신의 생각이 혼란스러운 세상일로부터 적당히 멀어지고 당신의 영혼이 하나님의 말씀을 잘 듣고 그대로 믿고 따르겠다고 결심하게 되면, 이제 당신은 하늘에 계신 아버지와 대화할 준비가 된 것입니다.

하나님과 더 깊은 동행을 소망하는 분들에게 간곡히 말씀드립니다. 말씀을 통해 그분의 임재 안으로 들어가십시오.

하나님의 소망은 당신과 대화하시는 것입니다. 또한 당신을 위해 예비하신 풍성한 은혜를 주시고 그분의 임재를 맛보게 하시는 것입니다. 그분은 사랑하는 자녀들에게 "나는 네 존재의 가장 깊숙한 곳, 그 새로운 지성소에 거하겠노라", "나는 내 뜻을 준행하는 자에게 가서 그와 함께 살겠노라"고 약속하셨습니다.

실제로 조금이라도 말씀을 묵상한 후 그 말씀을 붙잡고 기도해 보면, 하나님의 임재 안으로 들어가는 것이 얼마나 쉬운지 알게 될 것입니다. 그리고 성경 구절을 암송하는 일도 훨씬 수월해질 것입니다. 그 결과 당신에게 기도는 쉽고 달콤하며 유쾌한 일이 될 것입니다. 이로써 당신은 하나님을 발견하는 참된 길을 찾게 될 것이며, 그분의 "이름이 쏟은 향기름 같다"아 1:3는 말씀의 의미를 이해하게 될 것입니다.

명심하십시오. 기도에 있어서 무엇보다도 중요한 것은 말씀 묵상을 통해 하나님과 교제하고 그분의 임재 안으로 들어가는 것입니다.

묵상 기도를
어떻게 할까?

"당신이 기도를 시작하기만 하면 하나님을 찾을 수 있습니다."

이제 '주기도문'을 이용해 말씀으로 하나님께 기도하는 것을 연습해 보겠습니다.

연습을 시작하기에 앞서 한 가지 알아 두어야 할 것이 있습니다. "나라가 임하옵시며"라고 말씀하신 주님은 또한 "하나님의 나라는 너희 안에 있느니라" 눅 17:21고 말씀하셨다는 것입니다.

예수님을 마음에 모시기 전 우리는 모두 길 잃은 죄인들이었습니다. 그래서 우리가 받은 유일한 약속은 "죄의 삯은 사망"롬 6:23이라는 말씀뿐이었습니다. 그러나 우리가 죄를 고백하고 그리스도를 구주로 영접한 후 상황은 달라졌습니다. 우리가 죄를 떠나 그리스도께로 돌아선 그 순간 예수님이 말씀하신 하나님의 나라는 우리 안에 실존하는 현재가 됩니다. 그리하여 우리는 이 땅에 살면서도 하나님 나라의 모든 기쁨과 축복, 유익을 누리게 되는 것입니다.

이렇게 볼 때 하나님 나라에 대해 설교하고 가르치는 목회자의 위치와 사역은 너무나 귀합니다. 그들은 이 땅에서 우리가 어떻게 영원한 하늘나라를 소망할 수 있으며, 그 축복을 누리는 구체적인 방법이 무엇인지를 가르치는 중요한 사람들입니다.

그러므로 목회자들은 구원의 길을 전할 때 말씀을 듣는 사람들 중에서 가장 무식한 사람도 이해할 수 있도록 가르쳐야만 합니다. 그리고 그들이 예수 그리스도 한 분만을 바라보도록 인도해야 합니다.

또한 목회자 자신이 먼저 하나님께 진실로 기도하

는 모범을 보임으로써 성도로 하여금 기도 안에서 하나님을 발견하는 방법을 가르쳐 주어야만 합니다. 하나님 말씀을 묵상하며 어떻게 마음이 고요해질 수 있는지, 불안한 마음을 진정시킬 수 있는지, 하나님에 대한 믿음을 고취시킬 수 있는지를 말해 주어야만 합니다. 이것은 목회자에 대한 저 개인의 소망과 부탁입니다.

그러면 이제부터 주기도문을 함께 살펴보면서 그 단어들이 갖는 의미를 생각해 보도록 하겠습니다.

> 그러므로 너희는 이렇게 기도하라
> 하늘에 계신 우리 아버지여
> 이름이 거룩히 여김을 받으시오며
> 나라가 임하시오며
> 뜻이 하늘에서 이루어진 것같이
> 땅에서도 이루어지이다
> 오늘 우리에게 일용할 양식을 주시옵고

우리가 우리에게 죄 지은 자를 사하여 준 것같이

우리 죄를 사하여 주시옵고

우리를 시험에 들게 하지 마시옵고

다만 악에서 구하시옵소서

나라와 권세와 영광이 아버지께 영원히 있사옵나이다

아멘 마 6:9-13.

주기도문은 "하늘에 계신 우리 아버지"(9절)라는 말로 시작합니다. 이 말, 곧 "우리 아버지"라는 단어를 깊이 묵상해 보십시오. 하나님은 우리를 자녀로 부르셨습니다. 우리가 그분의 자녀가 되기 위해 그분을 찾은 것이 아니라, 그분 스스로가 먼저 우리의 아버지가 되기를 원하셨으며 우리를 부르셨습니다. 그러므로 그분을 사랑하십시오. 그분께 감사하십시오. 그분이 우리의 아버지가 되심을 깊이 묵상하십시오.

하나님 앞에 서면 잠시 조용히 기다리십시오. 그리고 하늘에 계신 아버지께서 그분의 뜻을 계시하기 원하시는 경우, 기도중이라도 필요하다면 침묵의 시간을 가지십시오.

땅에 뒹굴어 지저분하고 상처 난 힘없는 어린아이의 모습이라 할지라도 그 모습 그대로 아버지께 나오십시오. 혼자 서 있을 힘도, 혼자 씻을 힘도 없는 무기력한 모습이라 할지라도 주저하지 말고 나오십시오. 때로 혼란스럽습니까? 혼란스러워 하는 당신의 모습 그대로를 아버지께 보여드리십시오. 그런 다음 "너를 사랑한다!"는 아버지의 말씀으로 과거에 지은 죄로 인한 모든 슬픔들을 깨끗이 지워 버리십시오. 그리고 다시 한번 그분 앞에서 고요 속에 잠기십시오.

이런 식으로 주기도문을 계속 묵상하며 영광의 왕께 당신을 다스려 달라고 간청하십시오. 당신 안에 정하신 일을 행하시도록 하나님께 자신을 맡기십시오. 당신을 통치하실 그분의 주권을 인정하십시오. 혹시 계속 묵상하지 않고 평화롭게 조용히 있고 싶다면 그렇게 해도 좋습니다. 그러다 마음의 준비가 되면 두 번째 탄원 부분으로 넘어 가십시오.

"나라가 임하시오며 뜻이 하늘에서 이루어진 것같이 땅에서도 이루어지이다" 10절.

하나님의 뜻이 당신 안에서 그리고 당신을 통해 이 땅에 이루어지도록 간구하십시오. 당신의 자유와 당신의 뜻을 그분이 기뻐하시는 대로 사용하시도록 하나님의 손에 맡기십시오.

하나님의 뜻은 우리가 사랑을 베푸는 것입니다. 그런데 하나님의 사랑으로 다른 사람을 사랑하려면, 먼저 그분의 사랑을 알아야 합니다. 이 사실을 깨닫게 되면 우리 안에 내재된 사랑의 능력은 더욱 강해질 것입니다.

"오늘 우리에게 일용할 양식을 주시옵고" 11절.

이 말씀의 기본 개념은 '의존'입니다. 그러므로 이 말씀을 묵상할 때 목자를 따르는 양의 심정으로 서십시오. 날마다의 필요를 그분께 의지하고 기대하십시오. 자신의 필요뿐만 아니라 가족의 모든 필요들까지도 아버지께 아뢰십시오. 그리고 하나님은 우리 안에 계시다는 중요한 신앙의 원리를 기억하십시오.

기도하면서 당신의 의식 속에 하나님을 어떠한 형상으로도 만들지 마십시오. 하나님에 대한 우리의 모든 상상들은 아무 소용도 없습니다. 대신 예수님을 기억하십시오. 단, 지금까지 예수 그리스도를 부활한 모습으로만 찾아 왔다면, 이제부터 말구유와 십자가에서의 그분도 기억하십시오.

당신의 필요가 질병으로부터의 자유입니까? 불안해하거나 의심하지 말고 믿음으로 속히 나오십시오. 그분은 능히 우리의 모든 질병을 치료하실 수 있습니다. 그러나 그렇다고 해서 당신의 기도로 꼭 병을 고치고 말겠다고 혼자 노력하거나 애쓰지 마십시오. 예수님이 치료를 마치실 때까지 그저 당신 안에서 역사하시는 그분께 복종하십시오.

　이런 식으로 기도하면, 예전에는 알지 못했던 하나님과의 깊은 동행을 맛보게 될 것입니다. 그리고 하나님의 임재 안에서 안식의 시간과 고요의 시간을 충분히 음미하게 될 것입니다. 하나님을 열심히 찾는다면 누구나 이 축복을 경험할 수 있습니다. 당신은 이제 시작하기만 하면 되는 것입니다!

침묵기도를
해야하는 이유

"모든 행동을 절제하고 조용히 그분 안에 머무십시오."

이제 '침묵 기도'라고 부르는 기도에 대해 생각해 봅시다. 이것은 내가 편의상 붙인 이름입니다.

기도를 통해 하나님의 임재 안으로 들어가면, 우선 겸허한 마음으로 잠시 동안 침묵을 지키십시오. 행여 기도의 주제를 잊을지도 모른다는 염려는 내려놓으십시오. 단지 기도 중에 임하실 하나님의 존재에 집중하십시오. 그리고 그분이 임재하신 거룩한 그곳에 머물며 그냥 하나님을 즐기십시오.

기도하고 싶은 마음이 들면 기도하십시오. 그러나 성령께서 그분의 임재 안에 조용히 머물자고 부드럽게 이끄시면 거부하지 말고 그렇게 하십시오. 당신의 움직임으로 하나님의 임재가 사그라지지 않도록 모든 행동을 절제하십시오.

기도를 마친 뒤에도 잠시 동안 침묵할 것을 권합니다.

이 침묵의 시간 동안에는 하나님께 아무것도 기대하지 마십시오. 오직 그분을 사랑하고 즐거워하십시오. 보상 때문에 열심히 일하는 종은 어떠한 상급도 받을 자격이 없음을 기억하십시오.

기도는 하늘의 기쁨을 누리는 축복임이 분명하지만, 그보다 먼저 하나님 아버지를 기뻐하는 일이며 또한 그분을 기쁘시게 해드리는 일임을 기억하십시오. 그리고 그러기 위해 기도의 처소로 나가십시오.

이것이 바로 침묵 기도입니다. 이 기도는 마음으로 하나님을 기뻐하고 그분의 임재 앞으로 자신을 이 끌어 자신을 향한 그분의 뜻이 무엇인지 듣기 위한 겸손한 기도라는 점에서 모든 기도의 원형입니다. 침묵 기도를 통해 당신의 영혼은 하늘의 평화를 경험하게 될 것이며, 마음속 깊은 곳으로부터 솟아나는 기쁨과 위로를 누리게 될 것입니다.

그러므로 기억하십시오. 하나님의 임재를 경험하기 위해 침묵 기도는 반드시 필요합니다.

잠잠히 기다리는 기도

"모든 행동을 절제하고 조용히 그분 안에 머무십시오."

이제 당신은 하나님을 경험하는 방법들 중에서 가장 단순한 방법을 시도해 볼 준비가 되었습니다.

그것은 앞서 하나님의 임재 안으로 들어가는 방법 중 하나로 설명했던 '잠잠히 있는 것'입니다.

당신은 하나님의 임재를 온종일 끊임없이 느낄 수 있어야 합니다. 기도하려고 눈을 감자마자 하나님과 교제하는 기쁨을 맛볼 수 있어야 하며, 어떤 것도 그

교제를 방해해서는 안 됩니다.

하나님의 임재 안에 있을 때, 당신은 기쁜 마음으로 그분의 선하심과 베풀어 주시는 은혜를 받아들이게 될 것입니다. 그리고 악은 거들떠보지도 않게 될 것입니다.

하나님 앞에 잠잠히 있을 때는 기도 방법을 서둘러 바꿀 필요가 없습니다. 여유를 갖고 하나님의 임재를 즐기십시오. 그러면 당신의 영혼은 하나님의 영으로 충만해질 것입니다.

"오직 여호와는 그 성전에 계시니 온 땅은 그 앞에서 잠잠할지니라" 합 2:20.

하나님 말씀은 진리이며, 그 말씀은 영원합니다. 잠잠히 있을 때 당신이 하나님을 얼마나 받아들일 수 있는지는 평소 당신의 영 안에 그분의 말씀이 얼마나 임재해 있는지에 달려 있습니다.

하나님은 당신이 잠잠히 있을 때 당신에게 말씀하십니다. 듣기란 능동적인 행위가 아니라 수동적인 행위입니다. 그러므로 편안히 쉬십시오. 하나님의 사랑 안에서 안식하십시오. 이 순간 당신이 할 일은, 내면에서 들려오는 하나님의 고요한 음성을 듣는 것뿐입니다.

> "내 양은 내 음성을 들으며 나는 그들을 알며 그들은 나를 따르느니라" 요 10:27.

> "내 백성이여 내게 주의하라 내 나라여 내게 귀를 기울이라 이는 율법이 내게서부터 나갈 것임이라 내가 내 공의를 만민의 빛으로 세우리라" 사 51:4.

> "딸이여 듣고 보고 귀를 기울일지어다 네 백성과 네 아버지의 집을 잊어버릴지어다 그리하면 왕이 네 아름다움을 사모하실지라 그는 네 주인이시니 너는

그를 경배할지어다" 시 45:10-11.

자신을 잊으십시오. 가족들과 직장의 일들을 모두 잊어버리십시오. 그리고 단순히 마음을 모아 하나님 말씀을 경청하십시오. 이렇게 수동적인 자세로 하나님이 주시는 모든 것들을 받아들일 때, 하나님은 당신에게 사랑과 은혜를 베풀어 주실 것입니다.

하나님이 마음의 주인이라고 고백하면서 여러 가지 잡다한 일에 매여 허겁지겁 살아가는 것은 모순입니다. 그러므로 주위가 산만해질 때마다 마음을 고요하게 만드는 과정을 반복하십시오. 온종일 영혼을 기도하는 상태로 유지하면서 수시로 고요함 속에 잠기십시오.

영혼이
메마른 시기에는

"느긋하게 기다리는 법을 배우십시오."

하나님께서는 우리에게 그분의 존재를 드러내기를 기뻐하십니다. 하지만 실제로 우리가 그분의 존재를 느끼거나 찾기는 쉽지 않습니다. 종종 그분의 존재를 우리에게 숨기시기 때문입니다. 그 이유를 정확히는 알 수 없겠지만, 몇 가지 추측은 할 수 있습니다.

어쩌면 하나님이 우리를 기도의 게으름에서 벗어나게 하려고 그러시는지도 모르겠습니다. 아니면 우리가 믿음과 사랑으로 주님을 성실히 찾지 않기 때문일 수도 있습니다.

이러한 때, 다시 말하면 사랑으로 어루만져 주시다가도 은혜의 비를 거두시고 우리의 부르짖음과 기도에 응답하시지 않을 때, 우리 영혼은 하나님에 대한 갈증으로 목이 타게 됩니다. '영혼의 건기'가 시작되는 것이지요.

그 메마르고 건조한 시간 동안 많은 사람들은 자신의 열정과 노력과 행위들을 신앙의 증거로 삼아 하나님께 보여 주려 합니다. 그리고 자신이 하나님을 설득해서 다시 모셔올 수 있다고 호언장담을 합니다.

그러나 사랑하는 영혼이여! 그 길은 정도(正道)가 아닙니다. 변함없는 사랑, 겸손, 평안, 조용한 예배를 통해 하나님이 돌아오실 때를 기다려야 합니다. 그렇게 함으로써 당신 자신을 만족시킬 이기적인 기쁨이 아니라 하나님과 그분의 기쁨을 찾고 있음을 하나님 아버지께 보여드려야 합니다.

영혼이 메마른 시기에는 성급하게 굴지 말아야 합니다. 여유를 가지고 느긋하게 하나님을 기다리십시오. 그러면 그 시간이 지난 후에는 당신의 기도 생활이 더 풍요롭고 새로워질 것입니다.

모든 것을 하나님 아버지께 맡기며, 염려하지 말고 다시 하나님의 임재가 충만해질 때까지 기다리는 법을 배우십시오. 그분이 주실 사랑을 기대하며 기다림의 시간을 이겨 내야 합니다. 그렇게 할 때 하나님은 기뻐하시며, 당신에게 새롭게 임재하실 날을 앞당기실 것입니다.

완전해지는
길

"하나님이 당신을 빚으시도록 하십시오."

당신이 하나님께 자신을, 당신의 온 존재를 드리는 법을 배웠으면 좋겠습니다. 매일 매 순간 자신을 하나님의 뜻에 맞추십시오. 하나님께서 원하시는 바에 당신의 뜻을 복종시키십시오.

하나님께 자신을 드리는 것이 무슨 뜻인지 이해하게 되면, 모든 일이 하나님의 손 안에서 일어나고 있음을 인정하게 될 것입니다.

드리기로 작정했으면 완전히 드리십시오. 일단 자

신을 하나님께 드렸으면, 다시 돌려받으려고 하지 마십시오. 한 번 준 선물은 더 이상 준 사람의 소유가 아님을 기억하십시오.

믿음이 자라는 데 있어 자신을 드린다는 것은 대단히 중요한 요소입니다. 그것은 우리 마음 깊은 곳을 여는 열쇠입니다. 하나님께 자신을 드리는 법을 아는 사람은 완전해지는 길 위에 있습니다.

타락한 지성이 들려주는 혼탁한 목소리에 귀 기울이지 마십시오. 자신을 하나님께 드리고 완전으로 향하는 길을 걸어가십시오. 위대한 신앙은 위대한 포기를 낳습니다.

자신을 하나님께 드리는 것은 하나님의 거룩한 뜻과 온전히 하나 되기 위해 이기적인 모든 관심들을 내버리는 것입니다. 하나님은 우리를 이런 '포기'의 자리로 부르십니다.

"너희 하늘 아버지께서 이 모든 것이 너희에게 있어

야 할 줄을 아시느니라" 마 6:32.

"그러므로 내일 일을 위하여 염려하지 말라" 마 6:34.

"너는 범사에 그를 인정하라 그리하면 네 길을 지도하시리라" 잠 3:6.

"너의 행사를 여호와께 맡기라 그리하면 네가 경영하는 것이 이루어지리라" 잠 16:3.

"네 길을 여호와께 맡기라 그를 의지하면 그가 이루시고" 시 37:5.

겉으로 드러나는 의지뿐만 아니라 당신 안에 감추어져 있는 욕망까지도 하나님 앞에 내어 놓으십시오. 모든 염려를 하나님의 손에 맡겨야 합니다. 자신을 잊어버리고 하나님만을 생각하십시오. 그럴 때 마음에 자유가 춤추고 평화가 깃들 것입니다.

당신의 뜻을 하나님의 뜻에 계속 복종시켜야 합니다. 사사로운 욕구가 느껴질 때마다 아무리 보기 좋은 것이라도 부인하십시오. 하나님께서 영원 전부터 계획해 놓으신 것만을 찾으십시오. 과거는 잊어버리고 현재를 하나님께 바치십시오. 하나님의 영원한 질서가 당신에게 정해 준 지금 이 순간에 만족하십시오. 인간의 능력으로 당신이 할 수 있는 일은 아무것도 없습니다.

그리하여 하나님께서 당신의 전부를 그분의 기뻐하심을 따라 인도하시고 빚으시도록 자신을 완전히 드리고 그분께 맡기십시오.

자신을 내려놓기

2부

기도는 당신이
가고 싶은 곳으로 가장 쉽게
갈 수 있도록 도와줍니다.

포기를 통해
계시하시는 비밀

"십자가를 사랑하면 진정한 사랑을 경험합니다."

사랑하는 여러분! 고통 중에 인내하십시오. 예수님이 보여 주신 가장 위대한 사랑은 갈보리 십자가 위에서 피어났습니다.

상황에 따라 자신을 예수님께 드리기도 하고 거두기도 하는 사람들을 본받지 마십시오. 그들은 하나님의 위로와 축복이 있으면 기쁨으로 자신을 드립니다. 그러나 정작 어려움이 닥치면 하나님의 위로가 아닌 사람들의 위로를 찾아 떠납니다.

그리스도 안에서 한 형제 된 지체들이여! 부탁드립니다. 당신은 그러지 마십시오. 모든 것을 포기하고 십자가를 사랑할 때 어느 곳에서도 찾을 수 없는 위로를 경험하게 될 것입니다. 십자가를 맛보지 않으면서 하나님께 속한 것들을 맛볼 수는 없습니다마 16:23 참조. 십자가를 사랑하지 않으면서 하나님을 사랑하는 것은 불가능합니다. 십자가를 맛보십시오. 경험하십시오. 그러면 입에 쓰디쓴 것조차 달게 느껴질 것입니다.

"배부른 자는 꿀이라도 싫어하고 주린 자에게는 쓴 것이라도 다니라"잠 27:7는 말씀처럼, 십자가에 주린 자는 하나님을 갈망합니다.

하나님은 우리에게 십자가를 주십니다. 그리고 십자가는 우리에게 하나님을 알게 해줍니다. 십자가는 포기의 다른 말입니다.

당신에게 고통이 다가오는 것이 어렴풋하게 느껴지기 시작하면 마음이 불편해지고 두려워지기 시작할 것입니다. 그러면 주저 말고 하나님께 모든 것을 맡기십시오. 당신 자신과 당신의 처지를 하나님께 제물로 바치십시오.

그런 후에 십자가를 만나게 되면, 당신은 이미 모든 것을 맡겼기 때문에 부담을 느끼지 않게 될 것입니다. 그러나 그렇다고 해서 십자가의 무게 자체를 느끼지 않는다는 말은 아닙니다. 만약 당신이 십자가의 무게를 느끼지 못한다면 고통도 느끼지 못할 것입니다.

고통당할 때 중요한 것 중 하나가 바로 고통에 대한 반응입니다. 예수 그리스도는 십자가의 고통을 외면하거나 회피하지 않으셨습니다. 그분은 스스로 무거운 십자가의 고통을 감내하기로 결정하셨습니다. 이러한 예수님의 태도가 바로 고통에 대한 우리의 반응이어야 합니다.

예수님 안에서 자신을 포기하고 그분의 길을 따르십시오. 진리를 말씀해 주실 때까지 그분을 기다리십시오. 그분이 불어넣어 주시는 생명을 받아 누리십시오. 하나님은 '포기'라는 방법을 통해 그분의 비밀을 계시해 주십니다.

바울은 "내 몸에 예수의 흔적을 지니고 있노라"갈 6:17고 했습니다. 예수 그리스도의 흔적을 몸에 지닌다는 것은 단지 그것을 묵상하기만 하는 것보다 더 큰 의미가 있습니다. 바울이 그것을 단지 생각한다고 말하지 않고 몸에 지니고 있다고 말한 것을 주의 깊게 보십시오.

예수님께 당신을 맡기면, 그분은 당신에게 그 흔적을 보여 주실 것입니다. 그러면 그분을 따르지 않을 수 없을 것입니다. 그분과 함께 거하십시오. 당신의 마음을 내어 드리십시오.

마음에 들든지 들지 않든지 예수님이 주시는 선물을 거부하지 마십시오. 잠시라도 당신이 해야 할 일을 늦추지 마십시오. 진실로 하나님을 사랑한다면, 당신은 그분의 모든 것을 사랑하게 될 것입니다. 이

것이 바로 온전한 성도의 모습이며, 쓴 것을 지나 단 것의 축복을 받아 누릴 수 있는 아름다운 신앙의 자세입니다.

옛사람을 벗는 길

"우리가 할 일은 자신을 잊고 하나님께 집중하는 것이다."

예수 그리스도를 믿음에도 불구하고 옛사람의 본성과 죄의 욕심으로 인해 고민하는 영혼들이 있습니까? 용기를 잃지 마십시오. 하나님이 성령으로 우리 안에 거하시면 우리는 "옛사람과 그 행위를 벗어 버리고 새사람을 입었으니 이는 자기를 창조하신 이의 형상을 따라 지식에까지 새롭게 하심을 입은 자"골 3:9-10가 된다고 성경은 말합니다.

그러나 육신을 입고 있는 한, 당신은 육신의 본성

과 갈등하는 자신을 발견하게 될 것입니다. 실제로 감각과 정욕을 완전히 잠재우는 것은 거의 불가능한 일입니다.

그 이유는 명백합니다. 인간이 육신을 입고 사는 동안 육신의 소욕은 감각에 에너지를 공급합니다. 그리고 감각은 정욕을 자극합니다. 그래서 죽은 육신은 아무런 감각도 욕구도 느끼지 못하는 것입니다.

분명한 것은 겉모습을 바꾸는 것만으로는 문제를 해결할 수 없다는 것입니다. 겉모습을 바꾸려는 시도들은 도리어 영혼을 흥분 상태로 몰고 갈 뿐입니다. 또한 당신이 느끼는 감각에 의지해 인생을 사는 것은 내면의 정욕들을 자극하고 일깨울 뿐입니다.

옛 자아의 본성이 좋아하는 일에 관심을 가지면 가질수록, 인간의 정욕은 더욱 커지고 자라납니다. 뿐만 아니라 그것을 이기기 위해 우리가 취하는 '금욕'이란 처방은 육체적 감각의 활동을 둔화시키거나 없애기는커녕 오히려 당신의 몸과 영혼을 상하게 할 것입니다.

변화를 일으키는 참된 수단은 오직 마음속에 있습니다. 변해야 할 것은 우리의 겉사람이 아닌 속사람입니다. 그러므로 전능하신 하나님의 손에 자신을 맡기십시오. 자아가 멋대로 굴 때마다 그냥 하나님께 모든 것을 의탁하십시오. 그러면 머지않아 육에 속한 것들은 영에 속한 것으로부터 자연적으로 떨어져 나갈 것입니다.

우리의 영혼이 하나님께 더 가까이 가면 갈수록 우리는 정욕과 더욱 멀어질 것입니다. 은혜로우신 하나님께서 우리의 간곡한 기도에 응답하시면, 우리의 본성 즉 우리 자아의 본성은 약해지고 이전보다 더 쉽고 기쁘게 하나님의 뜻을 따르게 될 것입니다.

하나님께서 우리에게 원하시는 것은 우리 스스로의 본성을 죽이는 것입니다. 그러므로 자기 자신에게만 집중하는 것은 그리스도인의 올바른 자세가 아닙니다. 우리가 늘 관심을 기울여야 하는 것은 하나님을 아는 것이요, 그분을 아는 것과 관련된 활동들입니다.

우리가 할 일은 우리의 관심을 계속해서 하나님께 고정시키는 것입니다. 우리가 우리의 시각을 하나님께 고정시키지 못하고 이런저런 생각으로 가득 차게 되면 그에 따라 행동도 분주해지고 결국 위험에 처하게 될 것입니다. 이러한 위험으로부터 우리 자신을 지키는 방법은 성령의 인도하심을 따르는 것입니다. 그래서 하나님께서 "오직 성령의 인도하심을 따르라"고 하신 것입니다.

오직 성령의 인도하심을 따를 때 우리는 엄청난 보상을 받게 될 것입니다. 변함없이 하나님을 의지하는 자신을 발견하게 되고, 당신을 지키고 보호하시는 그 능력의 비밀을 알게 될 것입니다. 또한 죄의 본성으로부터 완전히 자유로워질 것입니다.

명심하십시오.

옛사람으로부터 벗어나 새사람으로서 자유로운 삶을 살아갈 수 있는 비결, 바로 성령의 인도하심을 따르는 것입니다!

하나님을
삶의 중심에 모시라

"하나님이 당신을 먼저 부르셨습니다."

 "이스라엘 자손들아 너희는 심히 거역하던 자에게로 돌아오라"사 31:6.

'회심'이란 자신만을 바라보던 눈을 돌려 하나님을 바라보는 단순한 일입니다. 회심은 사람의 영 안에서 일어나는 일이기 때문에 겉모습만으로는 전혀 파악할 수가 없습니다.

하나님과 교제하기로 결심하면, 하나님은 우리 마

음에 그분과 더욱 가까워지고 싶다는 소망을 두십시
다. 하나님과의 거리가 좁혀질수록 그 소망은 점점
더 강렬해지고, 삶의 중심에 하나님을 모시는 일은
당연한 습관으로 자리 잡게 됩니다.

하나님의 은혜가 아니고서는 아무도 그분을 알 수
가 없습니다. 당신이 노력했기 때문이라고 착각하지
마십시오. 당신이 하나님께 나올 수 있었던 것은 그
분이 먼저 당신을 부르셨기 때문입니다.

"너희가 나를 택한 것이 아니요 내가 너희를 택하여
세웠나니" 요 15:16.

하나님과 더 가까워지고 싶다는 소망을 그냥 따라
가십시오. 세상의 불의를 멀리하고 그분과 함께 계속
굳건히 걸어가십시오.

하나님께는 사람을 끌어당기는 강력한 흡인력이
있습니다. 그리고 끌어당기시는 과정에서 하나님은

그 대상을 순결하게 만드십니다. 태양이 물을 끌어당기면, 물은 자신의 의지와는 상관없이 하늘로 올라갑니다. 그와 마찬가지로 하나님이 끌어당기시면 우리 역시 무조건적으로 그분 앞에 나아가야만 합니다. 하나님께서 끌어당기실 때 망설이지 말고 마음껏 끌려가십시오.

우리의 영이 하나님의 영과 하나가 되면, 하나님의 사랑의 힘만으로도 우리는 인생 본연의 위치를 찾게 됩니다. 우리의 마음이 평안과 신뢰로 충만해질수록, 우리의 영적 성장에도 가속도가 붙게 될 것입니다. 자아의 본성은 영적 성장에 더 이상 장애물이 될 수 없기 때문입니다.

그러므로 언제나 당신의 관심이 하나님을 향하고 있는지 살펴보십시오.

하나님과 교제하는 과정에서 예상치 못하게 마주치게 될 어려움들로 인해 용기를 잃지 마십시오. 우리가 신실하고 겸손한 마음으로 우리 영혼의 주인이신 하나님께로 돌아가면, 그분은 풍성한 은혜로 보답해 주실 것입니다.

자신에 대한 평가는
하나님께 맡기라

"우리는 스스로 자신을 평가해서는 안 되며 그럴 필요도 없습니다."

참회하기에 앞서 항상 자기 평가가 먼저 이루어져야 합니다. 그래서 이번 장에서는 자기 평가를 어떻게 해야 하는지에 관해 살펴보려고 합니다.

자기 평가에는 한 가지 위험이 도사리고 있습니다. 바로 죄를 찾아내기 위해 하나님보다 자신의 판단을 의지하는 것입니다. 자신의 판단에 의해 스스로 내린 평가는 정확할 수 없습니다.

자신의 능력으로 스스로를 평가할 때, 우리는 쉽

게 자기애self-love의 덫에 걸리거나, 자기 자신에게 속아 넘어갈 수 있습니다. 아무래도 인간은 제일 먼저 자신을 생각할 수밖에 없기 때문입니다.

"악을 선하다 하며 선을 악하다 하며"사 5:20.

"공의로운 해"말 4:2이신 하나님 앞에 완전히 노출되면, 그분의 거룩한 광선은 우리의 가장 작은 세포 하나하나까지도 볼 수 있게 만듭니다. 그러므로 참회할 때와 마찬가지로 자신을 평가할 때도 하나님께 자신을 완전히 드리십시오.

이런 삶에 익숙해지면 잘못을 저지르는 순간 하나님께서 양심의 가책을 통해 꾸짖고 계신 것을 느끼게 될 것입니다. 그분은 자녀들이 작은 악이라도 삶 속에 감추는 것을 허락하지 않으십니다. 그러므로 내 안에서 악을 통제하는 유일한 길은 그냥 하나님께 돌아가 그분의 지도를 받는 것입니다. 때론 그것이 우리의 치부를 드러내는 부끄러움과 고통이라 할지라도 말입니다.

하나님께서는 우리의 영혼을 끊임없이 평가하실 것이므로 우리는 더 이상 자신을 평가할 필요가 없습니다. 스스로를 평가하려 하지 않고 하나님께 자신을 드리면, 하나님의 거룩한 빛이 우리의 주도면밀함보다 더 효과적으로 죄를 밝혀낸다는 사실을 경험하게 될 것입니다.

하나님에 대한 사랑으로 시작된 진정한 참회는 인간의 노력으로 할 수 있는 모든 결과보다 뛰어납니다. 당신의 참회와 하나님의 사랑이 하나가 되면, 이전에는 볼 수 없었던 한 차원 높은 완전함을 이루게 됩니다.

이처럼 하나님은 우리 안에서 우리를 위해 뛰어난 일을 행하십니다. 죄를 미워하되 하나님처럼 미워하십시오. 이 세상에서 가장 순결한 하나님의 사랑이 필요한 순간마다 우리의 영 안에서 역사할 것입니다. 그런데도 당신은 왜 한 눈을 팔고 있습니까?

하나님을 신뢰하십시오. 하나님이 정해 주신 처소에 잠잠히 머무르십시오. 머지않아 당신은 과거에 지은 죄를 기억할 수 없게 되고, 어느 순간 그 사실을 깨닫고 깜짝 놀랄 것입니다. 이해할 수 없는 일이 벌어졌다고 불안해하지 마십시오. 죄를 기억할 수 없다는 것은 그 죄로부터 정결하게 되었다는 증거입니다. 최선을 다해 당신의 모든 염려를 기억에서 지워 버리십시오. 그리고 하나님만을 생각하십시오.

참회는 하나님 앞에서 당연히 해야 할 우리의 본분입니다. 우리가 참회할 때 실수가 없으신 하나님은 우리가 범한 죄 중에서 가장 큰 것이 무엇인지 반드시 가르쳐 주십니다. 하나님의 평가가 끝났을 때, 당신은 자신의 능력보다 더 많은 일들이 성취되었음을 느낄 것입니다.

지금까지 이야기한 것들을 잘 따라오면서 가르쳐 준 방법들을 실천해 온 이들에게 권합니다.

계속 그렇게 기도하십시오.

사랑의 하나님을 상급으로 받게 될 것입니다.

자신을 잊고
하나님께 집중하라

"자기 연민을 버리고 그분의 품에 파고드십시오."

아무리 기도 생활에 신실하다 해도 때로는 기도 중에 마음이 흔들리고 도저히 갈피를 잡을 수 없는 경우가 생기기도 합니다. 이럴 때 잊지 말아야 할 중요한 원칙 하나를 알려 드리겠습니다. 기도 중에 유혹을 느끼거나 주의가 산만해진다고 고민하고 갈등하지 마십시오. 사람들은 그럴 때면 '상황이 더 나빠지면 어떻게 하지?', '나의 유일한 목적인 하나님 찾는 일을 더 이상 하지 못하게 되면 어떻게 하지?' 하는 걱정에 빠집니다.

그럴 때는 걱정하지 말고 하나님의 품으로 파고드십시오. 상상 속의 괴물을 두려워하는 아이는 일어나 맞서 싸우지 못합니다. 싸우는 대신 눈을 꼭 감고 안전한 엄마 품속으로 파고듭니다.

> "하나님이 그 성 중에 계시매 성이 흔들리지 아니할 것이라 새벽에 하나님이 도우시리로다"시 46:5.

연약한 우리가 영적 원수와 맞서 싸우려 든다면, 패배하지는 않더라도 심한 상처를 입게 될 것입니다. 그러나 하나님의 임재 안에 머물러 있기만 하면 우리는 필요할 때마다 힘과 격려를 받을 수 있습니다.

이 사실을 잘 알았던 다윗은 하나님을 힘의 근원으로 삼았습니다. 그리고 이렇게 고백했습니다. "이러므로 나의 마음이 기쁘고 나의 영도 즐거워하며 내 육체도 안전히 살리니"시 16:9.

"여호와께서 너희를 위하여 싸우시리니 너희는 가만히 있을지니라" 출 14:14.

자신이 연약하고 무가치하다는 생각에 너무 깊이 몰입하지 않도록 주의하십시오. 자신이 연약하다는 사실에 지나치게 예민한 것은 자기가 뛰어나다고 믿는 교만과 자기애에서 비롯된 것입니다.

용기를 잃으면 기도 생활도 약해집니다. 당신은 본래 불완전한 존재이고 연약한 존재이지만, 용기를 잃는 것은 무엇보다 나쁜 것입니다. 오히려 자신이 비참하다고 느끼는 순간, 그런 자신을 하나님께 드리는 계기로 삼아야 합니다.

그러므로 끊임없이 하나님과 더욱 친밀한 관계를 맺으십시오. 힘들 때, 주의가 산만할 때, 기도가 막혀 어려울 때, 그럴 때일수록 더욱 주님을 의지하고 신뢰하십시오. 주님의 약속을 믿고 그분이 역사하시도록 기다리십시오. 다른 모든 것을 포기하고 오직 하나님 그분께 집중하십시오. 기도에 있어 무엇보다도 중요한 것은 하나님과의 관계이기 때문입니다. 하나님께 집중할수록 기도할 때 마음이 흔들리거나 산만해지는 일은 줄어들 것입니다.

형식에
얽매이지 말라

"당신이 포기할 때 성령님이 인도하십니다."

기도할 때 기도 제목을 앞에 펴 놓으면 큰 도움이 될 수도 있습니다. 그러나 기도할 때마다 그렇게 하지는 마십시오. 기도를 시작하기 전이나 도중에 잠깐씩만 보십시오. 생각을 바로잡을 정도면 충분합니다. 그리고 언제나 우리 마음속에 거하시는 성령께서 우리에게 스스로 기도할 것을 명하시면 그대로 순종하십시오. 우리가 미리 정해 놓은 기도 제목을 따라 기도하는 것보다 그편이 훨씬 좋습니다.

여러분에게 꼭 당부하고 싶은 것이 있습니다. 반드시 어떤 특정한 기도 형식을 따라야 한다는 생각을 버리십시오. 짜여진 형식에 스스로 얽매이지 마십시오. 기도는 전적으로 성령님의 인도 하에 이루어지는 것이 좋습니다. 우리가 어떻게 생각하든 그 기도가 가장 완전한 기도이기 때문입니다.

성령께서 인도하시는 대로 기도해 본 후, 기존의 기도 방법이 불편하다고 느껴지더라도 염려하지 마십시오. 당연한 일입니다. 이제 성령님은 하나님의 뜻에 따라 당신을 통해 중보하실 것입니다. 성령은 당신의 연약함을 도우실 것입니다.

"이와 같이 성령도 우리의 연약함을 도우시나니 우리는 마땅히 기도할 바를 알지 못하나 오직 성령이 말할 수 없는 탄식으로 우리를 위하여 친히 간구하시느니라" 롬 8:26.

이런 일이 당신 안에서 이루어지도록 허락하십시오. 정해진 기도 형식들이 아무리 좋아 보여도 그것에 집착하지 마십시오. 하나님이 싫어하시는 일을 하는 것은 당신에게 유익하지 않습니다.

하나님께서 우리의 삶을 계획하시도록 자리를 내어 드리십시오. 그러면 우리가 결정했던 모든 행위들은 사라져 버리고 하나님의 계획이 그 자리를 대신할 것입니다. 당신이 세운 모든 계획을 버리고 믿음으로 사십시오. 그리고 포기하십시오. 진정한 믿음은 바로 그곳에서 역동하기 시작합니다.

자신을
드린다는 것

"자신을 포기하는 순간 하나님이 충만히 임재하십니다."

"또 다른 천사가 와서 제단 곁에 서서 금 향로를 가지고 많은 향을 받았으니 이는 모든 성도의 기도와 합하여 보좌 앞 금 제단에 드리고자 함이라" 계 8:3.

예수님의 사랑하시는 제자 사도 요한의 말에 따르면 기도는 하나님께 올리는 향입니다. 그리고 하나님의 임재 안에서 그냥 마음에 있는 것을 내려놓는 것입니다. 사무엘의 어머니 한나는 이것에 대해 다음과 같이 말합니다.

"나는…여호와 앞에 내 심정을 통한 것뿐이오니" 삼상 1:15.

하나님께서 사랑의 온기로 당신의 영을 녹여 증발시키시면, 당신이 드린 기도는 달콤한 향기를 내며 하나님께 올라갑니다.

솔로몬의 아내는 아가서 1장 12절에서 이 모습을 아주 잘 묘사하고 있습니다.

"왕이 침상에 앉았을 때에 나의 나도 기름이 향기를 뿜어냈구나."

이 말씀에 기록된 왕의 '침상'은 우리 영혼의 중심을 상징합니다. 하나님은 그곳에 계시며, 우리가 그

하나님과 동거하는 법을 알 때 우리의 차갑게 식은 마음은 하나님의 거룩한 임재 안에서 차츰 녹아내릴 것이며 '향기를 뿜어내게' 될 것입니다.

스스로 제물이 되어 거룩한 사랑의 힘에 녹아내릴 때 당신의 영은 하나님께로 올라갑니다. 그리스도인이란 하나님께 자신의 삶을 희생 제물로 드린 사람들입니다. 그리고 하나님의 뜻과 소망과 말씀에 삶의 지표를 두며, 자신에 대한 하나님의 주권을 인정하는 자들입니다.

그러므로 진정한 그리스도인이라면 우리 안에 친히 거하시기 위해 오신 하나님께 삶의 모든 권리를 위임해야 합니다. 삶의 주인이 자신이란 생각을 버릴 때 당신은 지극히 귀하신 하나님의 존재를 온몸으로 실감하게 될 것입니다.

혹 이런 표현들이 익숙하지 않다면 이상하게 들릴지도 모르겠습니다. 그래서 하나님께 자신을 희생 제물로 드린다는 말을 쉽게 이해할 수 있도록 다시 한

번 성경을 찾아보겠습니다.

> "이는 너희가 죽었고 너희 생명이 그리스도와 함께 하나님 안에 감추어졌음이라" 골 3:3.

이 말씀에서 "죽었다"는 말은 육적 생명이 죽었다는 뜻이 아닙니다. 자신을 하나님께 희생 제물로 바쳤기 때문에 예수님 안에서 자신을 '상실했다'는 뜻입니다.

기도 중에 하나님을 경험하기 위해 당신이 꼭 알아야 할 세상에서 가장 중요한 비밀을 하나 가르쳐 드리겠습니다. 그 비밀은 "아버지께 참되게 예배하는 자들은 영과 진리로 예배할 때가 오나니" 요 4:23라는 말씀 안에 있습니다. 영 spirit과 진리 truth로 드리는 예배는 육에 속한 인간적 방법들을 버리고 내주하시는 순결한 성령 안에 있을 때 가능합니다. 당신이 모든 진리의 주인이신 그리스도 안에 있기 때문입니다.

이렇게 기도해 본 적이 있습니까? 스스로 희생 제물이 되어 예수님의 발 앞에 자신을 쏟아 놓듯 기도해 본 적이 있습니까? 그런 기도를 하자마자 당신 안에 충만해지는 하나님을 곧 느끼게 될 것이라고 확신합니다.

당신이 이렇게 기도할 때 어떤 축복을 받게 되는지 안다면 다시는 전에 하던 방식으로 돌아가지 않을 것입니다.

하나님 나라를 찾는 것은 "밭에 감추인 보화"마 13:44나 "극히 값진 진주"마 13:46를 찾는 것과 같습니다. 그것은 또한 "생수"요 4:10를 찾는 것이며 "영생"요 4:14을 찾는 것입니다.

그러나 가장 놀라운 진리는 예수님이 "하나님의 나라는 너희 안에 있느니라"눅 17:21고 힘주어 말씀하신 대목입니다. 어떻게 이런 일이 가능할까요? 이런 값진 보화를 우리 안에서 어떻게 발견할 수 있을까요?

두 가지 방법이 있습니다.

먼저, 하나님께 항복하고 당신의 주님이 되어 주시라고 요청하십시오. 그리고 하나님의 다스림을 온전히 받으십시오. 그러면 그분은 오셔서 당신 안에 거하실 것입니다.

다음으로, 지극히 높고 선하신 하나님을 소유하십시오. 그러면 하나님 나라 안에 충만한 모든 기쁨을 얻게 될 것입니다.

하나님을 알고자 하는 우리의 궁극적 목적은 결국 그분을 사랑하고 그분의 임재를 즐거워하는 것입니다. 이 위대한 진리의 단순함을 잊어버리는 것이 얼마나 부끄러운지요!

하나님을 경험하기

3부

🌱 하나님과 하나 되기 위해서는
반드시 그분의 무한한 고요함 속으로
들어가야 합니다.

어린아이같이
기도하는 법

"하나님이 원하시는 것은 단순한 믿음입니다."

지금까지 이야기한 내용들을 당신의 기도 생활에 실제적으로 적용해 보았습니까? 어떻습니까? 예전과는 다르게 기도 중에 더 많은 하나님의 임재를 경험하고 있습니까?

그렇게 하고 있다면, 당신은 조만간 하나님이 당신의 삶 속에 '늘' 임재해 계심을 느낄 수 있을 것입니다. 그리고 그것을 당연히 여기게 될 것입니다. 하나님의 임재는 기도와 마찬가지로 당신의 일상이 될 것이며, 기도하는 중에 범상치 않은 고요함이 당신을 감싸는 것을 느끼게 될 것입니다. 그것은 하나님이 당신을 사랑한다고 말씀하시는 증거이며, 말로는 다 표현할 수 없는 놀라운 축복의 서막입니다.

지금부터 중요한 이야기를 하려고 합니다.

나는 이 주제에 대해 얼마나 고심해 왔는지 모릅니다. 그리고 기도를 통해 하나님을 경험하며 이룰 수 있는 진보에 관해 당신과 얼마나 나누고 싶었는지 모릅니다.

내가 이야기하고 싶은 것은 바로 이것입니다. 결코 자신의 열심이나 노력으로 하나님의 임재를 경험하려고 하지 마십시오. 또한 하나님을 도와 드리려고 하지도 마십시오. 하나님께서는 누구의 도움도 필요하지 않습니다. 그분은 다윗에게 이렇게 말씀하셨습니다.

"너희는 가만히 있어 내가 하나님 됨을 알지어다" 시

46:10.

때때로 피조물인 우리들은 자신의 일에 지나치게 애정과 관심을 쏟는 나머지, 이루어지는 과정에 직접 참여하고 완성을 눈으로 직접 확인하고 싶어 합니다. 그러나 우리의 눈으로 하나님의 놀라운 경륜을 판단한다는 것은 불가능합니다.

그러나 그렇다고 너무 고민하지 마십시오. 하나님의 사역에 더 많이 동참하면 할수록 우리의 독자적 노력은 자연스럽게 줄어들 것입니다. 마치 아침 해가 떠오르기 전에는 찬란히 빛나던 별들이 점점 강렬해지는 햇살로 인해 그 빛을 점점 잃어버리는 것처럼 말입니다. 별들은 사라진 것이 아니라 별보다 더 밝은 빛을 내는 아침 해에 가려진 것입니다.

너무나 강력한 하나님의 빛은 꼬마전구 같은 우리의 독자적 노력을 흡수해 버립니다. 우리가 순순히 하나님의 임재를 받아들이면, 우리의 노력은 더 이상

구별할 수 없을 만큼 희미해져 결국 눈에 보이지 않게 되는 것입니다.

아무리 노력한다 해도 우리 스스로의 힘으로는 하나님을 만날 수 없습니다. 그러므로 하나님 앞에 나오면 가능한 잠잠히 있으십시오. 하나님이 우리를 만나러 오실 것입니다. 그것이 무엇보다 중요합니다.

엄마 품에 안겨 젖을 먹는 아이를 본 적이 있습니까? 배고픈 아기는 앙증맞은 입술을 꼬물거려 엄마 젖을 찾아내서는 힘차게 빨기 시작합니다. 그러나 웬만큼 젖이 돌기 시작하면 아기는 힘들이지 않고도 젖을 마음껏 먹을 수 있습니다.

우리는 젖먹이 아기처럼 기도해야 합니다. 당신의 입술을 열어 하나님을 사랑하고 그분을 찬양하십시오. 그리고 거룩한 은혜의 젖이 흘러 들어오면 편안한 마음으로 조용히 그것을 받아먹으십시오. 이 아름다운 은혜의 행위 속으로 육신의 자아가 만들어 낸 가지각색의 일들을 밀어 넣지 마십시오.

젖먹이 아기처럼 조용히 힘들이지 않고도 하나님이 주시는 양식을 받아먹을 수 있다니 얼마나 놀라운 말입니까! 그러나 얌전하고 순한 아기가 더 많은 젖을 받아먹을 수 있습니다. 엄마 품에 안긴 아기는 심지어 젖을 먹으며 잠을 청하기도 합니다. 평화롭고, 긴장을 풀고, 혼자만의 노력을 하지 않는 것, 이것이 바로 기도 중에 당신의 영이 취해야 할 태도입니다.

어떤 사람들은 이를 '게으른 기도'라고 비난하기도 합니다. 그러나 그들은 한 번도 이를 경험해 보지 못했기 때문에 비난하는 것입니다. 독자적 노력을 삼가고 기도 안에서 하나님의 임재를 경험한 사람들은 그런 비난을 하지도 않으며, 신경 쓰지도 않습니다. 그들은 이미 하나님의 빛과 지식으로 충만하여 만족하고 있기 때문입니다. 충만한 은혜는 자아를 조용히 잠재웁니다.

하나님의 임재는 힘이나 폭력을 사용해 지키거나

빼앗는 것이 아닙니다. 오직 사랑을 통해서만 얻을 수 있는 평화입니다. 하나님은 우리에게 특이하거나 어려운 것을 요구하지 않으십니다. 오히려 단순하고 어린아이 같은 행동을 크게 기뻐하십니다.

주님이 요구하시는 것은 당신의 '신뢰'입니다. 그분이 원하시는 것은 당신이 주님을 향한 흔들림 없는 믿음과 신뢰로 자신을 맡기는 것입니다. 신뢰의 기도는 당신을 원하는 곳으로 인도합니다.

무엇이 두렵습니까?

당신을 안으려고 십자가 위에서 두 팔을 벌리고 계신 예수님의 품으로 왜 당장 뛰어들지 않습니까? 자신을 그분께 맡기고 완전히 포기하십시오. 그 일은 위험한 일이 아니라 도리어 이 세상 그 어떤 일보다 가장 확실한 안전을 보장해 주는 일입니다.

그러므로 주님을 신뢰하고 주님께 모든 것을 맡기십시오. 예수님은 당신을 속이시지 않습니다. 그분은 당신의 기대보다 더 풍성한 것들로 채워 주실 것입니다.

일단 한번 이 방법으로 기도해 보십시오. 어린아이같이 순진하게 기도하십시오. 그러면 내가 말로 다 표현하지 못한 무수히 많은 것들을 직접 경험하게 될 것입니다.

하나님은 '자기 이해와 자기 노력을 의지하는 사람들'을 이렇게 꾸짖으십니다.

> "네가 길이 멀어서 피곤할지라도 헛되다 말하지 아니함은 네 힘이 살아났으므로 쇠약하여지지 아니함이라" 사 57:10.

기도는 당신이 가고 싶은 곳으로 가장 쉽게 갈 수 있도록 도와줍니다. 넓은 바다에 가고 싶으면 배를 타고 강을 내려가십시오. 그러면 힘들이지 않고 마침내 큰 바다를 발견하게 될 것입니다.

당신은 지금 하나님을 발견할 준비가 되었습니까? 즐겁고 단순한 이 길을 기꺼이 걸어가겠습니까? 이 질문에 "예!"라고 대답한다면, 당신은 분명히 바라는 목적지에 도달하게 될 것입니다.

성령의 인도하심을 따르는 기도

"성령은 당신을 자유와 평화로 인도하십니다."

이 장에서는 기도의 중요한 목적들 중 하나를 소개합니다. 바로 성령의 인도하심을 받는 것입니다.

1부에서 '하나님 앞에서 잠잠히 있는 것'의 유익을 생각해 보라고 권했습니다. 당신이 기도 시간에 이를 연습해 왔을 거라고 생각합니다. 잠잠히 있는 것은 절대로 둔해지거나 게을러지라는 뜻이 아닙니다. 다만 성령께서 당신의 영혼 내부에서 벌어지는 활동에 직접 관여하게 하시는 것입니다.

에스겔 선지자는 "생물의 영"a living Spirit이 바퀴들 가운데에 있는 환상을 보았습니다. 생물의 영이 움직일 때, 바퀴도 따라 움직입니다. 바퀴는 생물의 영이 움직이는 대로 가기도 하고 서기도 했습니다.

> "영이 어떤 쪽으로 가면 생물들도 영이 가려 하는 곳으로 가고 바퀴들도 그 곁에서 들리니 이는 생물의 영이 그 바퀴들 가운데에 있음이니라 그들이 가면 이들도 가고 그들이 서면 이들도 서고 그들이 땅에서 들릴 때에는 이들도 그 곁에서 들리니 이는 생물의 영이 그 바퀴들 가운데에 있음이더라"겔 1:20-21.

우리는 바퀴들 가운데 있는 생물의 영처럼, 우리 안에 계시며 우리에게 생명을 주시는 성령을 따라 움직여야 합니다. 그리고 그분이 움직이는 것에 주의하여 성실하게 움직여야 합니다.

그렇게 함으로 우리의 행위는 우리가 주도하는 것이 아니라, 우리를 만드셨고 평생토록 우리를 인도하기 원하시는 하나님의 뜻을 반영하게 되는 것입니다.

모든 행위에 있어서 성령의 인도하심을 따른다면, 당신은 행동이 너무도 자유롭고 편안하고 자연스러워서 무엇을 했는지조차 전혀 느끼지 못한 채 늘 평화를 맛볼 것입니다. 그러나 성령의 인도하심을 따르지 않는다면, 당신은 언제나 억지로 무언가를 하도록 강요당하고 있다고 느끼게 될 것입니다. 그러므로 은혜로운 성령께서 당신의 행위들을 주장하시도록 허락하십시오.

"나를 넓은 곳으로 인도하시고 나를 기뻐하시므로 나를 구원하셨도다" 시 18:19

하나님이 당신 영의 중심에 계실 때 그분이 주도

하시는 모든 행위들은 너무도 고상하고, 평화롭고, 자연스럽고, 즉흥적이어서 당신은 무슨 일이 있었는지조차 전혀 느끼지 못할 것입니다. 예를 들어, 바퀴가 천천히 굴러가면 당신은 바퀴의 모든 부분을 쉽게 볼 수 있습니다. 그러나 빠르게 지나가면 아무것도 분간할 수 없는 것과 마찬가지 원리입니다.

하나님 안에서 안식을 누리십시오. 그러면 당신의 행동은 전보다 훨씬 나아질 뿐만 아니라 평화로워질 것입니다. 그리고 평화롭게 행동하면 할수록 당신은 더 많은 것을 성취하게 될 것입니다. 왜냐하면 하나님께서 당신의 행위를 지도하시기 때문입니다.

하나님께서는 친히 우리를 이끄시고 우리 안에 그분을 따르고 싶은 소원을 두십니다. 아가서 첫 장에서 술람미 여인은 왕에게 말합니다. "나를 이끄소서"4절 참조. 우리도 그렇게 고백할 수 있어야 합니다.

"오 주님, 저를 당신께 이끄소서! 주님은 저의 거룩

한 중심이십니다. 제 존재의 비밀을 붙들고 계십니다. 그러므로 저는 당신을 따르겠습니다."

하나님의 인도하심에는 매혹적인 향기와 치료하는 힘이 있습니다. 우리 각 영혼에게는 그분을 따르는 것을 선택할 자유가 있습니다. 하나님은 절대로 강요하지 않으십니다. 대신 달콤하면서도 강한 능력을 가지고 우리 안에 임재하셔서 우리 마음을 동하게 하십니다.

"오 하나님, 우리를 이끄소서! 달콤한 성령의 능력으로 우리를 늘 당신께 이끄소서!"

하나님과 조화를 이루라

"당신이 잠잠하면 하나님이 당신을 빚으십니다."

지금까지 강조한 것들을 잘 이해했습니까? 그렇다면 이제 당신의 삶의 모든 부분, 지극히 사소한 것 하나까지 하나님을 의지하십시오. 그러나 하나님을 의지한다는 핑계로 게으르게 살거나 책임을 회피해서는 안 됩니다. 성령님을 온전히 의지하는 사람은 누구보다도 열심히 살아갑니다.

"우리가 그를 힘입어 살며 기동하며 존재하느니

라"행 17:28.

우리는 성령님을 의지하며 순종하는 삶을 살아야 합니다. 그 속에서 하나님이 창조하신 목적대로 하나님과 하나가 되고 그분의 단순함을 본받을 수 있기 때문입니다.

앞에서 우리가 성령의 인도하심을 따라야 할 이유를 살펴봤다면, 이 장에서는 우리의 기도 생활에 뿌리 내리고 있는 옛 습관들을 청산하고, 하나님이 창조하신 우리의 본모습대로 하나님과 조화를 이루며 단순하게 사는 삶에 관해 알아보겠습니다.

하나님과 조화를 이룬다는 것은 그분의 성령과 완전히 하나 된다는 뜻이며, 이는 우리가 그분과 한 성령을 소유하게 된다는 의미입니다. 그렇게 되면 하나님은 우리의 도움 없이도 우리를 통해 그분의 뜻을 드러내실 수 있습니다.

이것이 얼마나 놀라운 일인지 한 번 생각해 보십

시오. 우리가 성령님의 온전한 지배를 받게 되면, 쉬지 않고 일하시는 성령께서 우리 삶을 우리 힘만으로 살았던 과거와는 도저히 비교할 수 없을 정도로 활기차고 역동적인 것으로 만들어 주실 것입니다.

그러므로 하나님의 지혜를 등불로 삼으십시오. 그리고 하나님의 지혜를 신뢰하십시오. 그러면 당신이 노력한 것 이상의 지혜를 소유하게 될 것입니다.

> "너희 중에 누구든지 지혜가 부족하거든…하나님께 구하라" 약 1:5.

> "만물이 그로 말미암아 지은 바 되었으니 지은 것이 하나도 그가 없이는 된 것이 없느니라" 요 1:3.

하나님은 그분의 형상대로 우리를 빚으시고 "생기" 창 2:7를 불어넣으셨습니다. 이렇게 창조된 인간은 단순하고, 순결하고, 하나님과 친밀했으며, 언제나 풍성한 열매를 맺는 존재였습니다.

그러나 사탄은 우리에게 죄를 짓게 하여 우리 안에 있는 거룩한 형상을 훼손시켰습니다. 하지만 이제 성령께서 하나님의 말씀을 통해 그 깨어진 형상을 전혀 새로운 모습으로 회복시켜 놓으실 수 있습니다.

하나님 아버지 곧 성령만이 깨어진 형상을 회복시키실 수 있습니다. 우리 힘으로는 도저히 그 일을 할 수가 없습니다. 그렇기 때문에 토기장이의 손에 붙들린 진흙처럼 우리는 잠잠히 있어야 합니다.

하나님의 도움을 받기 위해서는 스스로 잠잠해져야 합니다. 그리고 하나님 말씀이 당신을 마음껏 빚으시도록 유연해져야 합니다.

불안한 작업대 위에서 명화를 그리는 화가를 본 적이 있습니까? 만일 당신이 잘못된 자아를 가지고 있다면 당신의 삶에서 육신의 자아가 그리는 그림은 잘못 그려져 결국 위대한 화가이신 하나님의 작업을 방해하고 계획을 망쳐 놓을 것입니다.

주님이 허락하시는 평화를 누리십시오. 그리고 예수님이 일하시면 그때만 움직이십시오.

예수 그리스도께서는 "오직 내 안에 생명이 있다"고 말씀하십니다. 모든 인간이 소유한 생명은 그분께 빌린 것입니다. 하지만 예수님은 이 생명을 인류에게 거저주고 싶어 하십니다.

> "그런즉 누구든지 그리스도 안에 있으면 새로운 피조물이라 이전 것은 지나갔으니 보라 새것이 되었도다" 고후 5:17.

옛 것이 새로워지길 원하십니까? 그렇다면 하나님의 행위가 당신의 행위를 대신하도록 당신 스스로의 노력을 자제하십시오. 자기중심적 삶을 거부하고 자아의 활동을 억제함으로, 앞으로 오실 당신의 주인을 위해 문을 열어 놓고 기다려야 합니다.

인간의 본성에는 괜히 떠벌리고 과장하고 싶어 하

는 경향이 있습니다. 그래서 보잘것없는 일을 엄청난 일이라고 과장하기 일쑤입니다. 그런 맥락에서 예수님은 대단한 일을 하고 있는 것인 양 행동하는 마르다를 꾸짖으셨습니다.

"마르다야 마르다야 네가 많은 일로 염려하고 근심하나 몇 가지만 하든지 혹은 한 가지만이라도 족하니라 마리아는 이 좋은 편을 택하였으니 빼앗기지 아니하리라"눅 10:41-42.

마리아는 휴식과 평정과 평화를 택했습니다. 그리고 그리스도의 영이 자신 안에서 활동하도록 자신의 행동을 멈췄습니다. 이처럼 당신과 당신의 모든 활동을 포기하고 예수님을 의지하십시오. 당신 자신의 힘을 버리지 않고서는 그렇게 할 수 없습니다.

바울은 "주와 합하는 자는 한 영이니라"고전 6:17고 했고, 다윗은 "하나님께 가까이함이 내게 복이라"

시 73:28고 했습니다.

주님께로 더 가까이 다가가고 그분과 함께함으로 얻을 수 있는 유익이 무엇이겠습니까? 바로 하나님 아버지와 영원히 하나 되기 위한 시작을 맞이하는 것입니다. 창조주와 영원히 함께 있는 것보다 피조물에게 더 큰 만족을 주는 것이 무엇이겠습니까?

당신의 영을
자유롭게 하라

"성령을 통한 기도의 비밀을 개달으십시오."

다음 성경 말씀을 아주 주의 깊게 읽어 보십시오. 하나님은 성령님을 통해 놀라운 기도의 비밀을 자녀들에게 계시하셨습니다.

"누구든지 그리스도의 영이 없으면 그리스도의 사람이 아니라" 롬 8:9.

예수님께 속하기 위해서는 자신을 비우고 성령 충

만을 받아야 합니다. 성령의 인도를 받는 것이 중요하다는 사실을 알았던 사도 바울은 로마서 8장 14절에서 "하나님의 영으로 인도함을 받는 사람은 곧 하나님의 아들이라"고 말합니다. 다시 한번 말하지만, 하나님의 일을 하기 위해서는 먼저 성령 충만을 받아야 합니다.

> "너희는 다시 무서워하는 종의 영을 받지 아니하고 양자의 영을 받았으므로 우리가 아빠 아버지라고 부르짖느니라" 롬 8:15.

사도 바울이 말했던 "양자의 영"이란 무엇입니까? 그것은 바로 '우리에게 오셨고, 우리 안에서 우리를 통해 사시는, 하나님의 임재를 경험하도록 우리를 도우시는 그리스도의 영'을 말합니다. 그 영은 우리가 더 이상 세상의 자녀가 아니라 하나님의 자녀가 되었다는 확신을 줍니다.

"성령이 친히 우리의 영과 더불어 우리가 하나님의 자녀인 것을 증언하시나니" 롬 8:16.

하나님과 하나 되기를 원하십니까? 그분과의 연합을 갈망하십니까?

그리스도의 영이 당신을 인도하도록 하십시오. 당신 안에 충만히 임하시겠다는 하나님의 말씀을 믿으십시오. 하나님의 자녀들만이 소유할 수 있는 자유의 영을 기쁨으로 받고 '종의 영'을 쫓아내십시오.

당신의 영이 마음껏 하나님의 것들을 사모할 수 있도록 하십시오.

바울은 이 놀라운 비밀을 누구나 쉽게 이해할 수 있도록 성경에 기록해 놓았습니다.

"이와 같이 성령도 우리의 연약함을 도우시나니 우리는 마땅히 기도할 바를 알지 못하나 오직 성령이 말할 수 없는 탄식으로 우리를 위하여 친히 간구하시느니라" 롬 8:26.

하나님이 바울을 통해 말씀하셨듯이, 우리는 연약하나 성령께서 우리를 위해 중보해 주십니다. 그러므로 하나님 앞에 설 때 우리는 혼자가 아닙니다. 이것이 얼마나 큰 희망이며 위로인지요! 예수님은 하나님 아버지께 친히 말씀하셨습니다.

"항상 내 말을 들으시는 줄을 내가 알았나이다" 요 11:42.

성령께서 우리를 위해 기도하시고 중보하시도록 당신의 영혼을 자유롭게 하십시오. 그러면 하나님은 언제나 우리의 기도를 들어주실 것입니다.

"마음을 살피시는 이가 성령의 생각을 아시나니 이는 성령이 하나님의 뜻대로 성도를 위하여 간구하심이니라"롬 8:27.

간단히 말해, 성령께서는 언제나 하나님의 뜻에 따라 기도하십니다. 세상을 향한 하나님의 뜻은 모든 인간이 구원을 받아 완전해지는 것입니다. 그러므로 성령은 우리가 완전해지는 데 필요한 모든 것을 얻도록 우리를 위해 중보하십니다.

그럼에도 불구하고 우리는 아직도 세상 염려와 근심 걱정 보따리들을 어깨에 짊어지고 있습니다. 그 모든 것들을 스스로 감당하려 하다가 지쳐 쓰러지고 있는 것입니다. 그러나 성경은 모든 염려를 주께 맡기라고 말씀하십니다. "그가 너희를 돌보시기" 때문입니다벧전 5:7.

피조물들을 바라보시는 하나님의 마음은 틀림없이 큰 슬픔에 잠겨 있을 것입니다. 그들이 수많은 일에 자신의 에너지를 모두 소진하면서도, 정작 하나님이 주시는 것은 거의 누리지 못하기 때문입니다.

"너희가 어찌하여 양식이 아닌 것을 위하여 은을 달아 주며 배부르게 하지 못할 것을 위하여 수고하느냐 내게 듣고 들을지어다 그리하면 너희가 좋은 것을 먹을 것이며 너희 자신들이 기름진 것으로 즐거움을 얻으리라" 사 55:2.

하나님께 "듣고 듣는 것"이 얼마나 큰 축복인지요! 그것이 우리의 영혼을 얼마나 강건하게 하는지요!

"모든 육체들아, 여호와 앞에서 잠잠하라" 슥 2:13 참조.

당신을 위해 기도하시는 성령님을 느끼는 순간, 자신의 힘으로 기도하기를 멈추십시오.

마음으로 하는
기도

"마음의 문제를 먼저 해결해 주도록 하십시오."

새로운 기도 방법을 발견한 후에 사람들이 가장 먼저 경험하는 것 중 하나는 그것을 다른 사람과 함께 나누고 싶은 마음이 든다는 것입니다. 하지만 그것이 그리 쉬운 일은 아닙니다. 그 일을 효과적으로 수행하려면 반드시 다음의 원칙을 준수해야만 합니다.

누구든지 다른 사람을 회심시키려면 반드시 마음으로 먼저 접근해야 합니다. 전도하고 싶은 사람에게 기도의 비밀이나 기도를 통해 하나님을 경험하는 법을 곧장 소개한다면, 당신은 그 사람을 회심시킬 수 있는 기회를 영원히 놓치게 될지도 모릅니다.

또한 훈련을 빙자해서 괜한 부담을 안겨 주거나, "너희 안에 계신 그리스도…곧 영광의 소망"골 1:27에 관한 지식을 소개하면서 불필요한 훈련을 강요한다면, 당신은 그에게서 아무 열매도 거두지 못할 것입니다.

이 일에 대해 특별히 목회자들에게 하고 싶은 이야기가 있습니다. 성도들이 하나님의 임재를 충분히 경험할 수 있도록 가르치십시오. 이를 위해 수고하는 일꾼은 하나님과의 달콤한 연합을 맛보게 될 것입니다. 물론 그 사람의 육체는 노동에 지쳐 피곤하겠지만, 마음과 영혼은 새 힘을 얻게 될 것입니다. 뿐만 아니라 모든 죄와 유혹은 일순간 사라지고 성령에 민감한 사람이 될 것입니다.

일단 마음을 얻는 데 성공하면, 영적 문제들은 쉽

게 이야기할 수 있습니다. 이런 이유에서 하나님은 다른 어떤 것보다 마음을 요구하십니다. 하나님께 마음을 드릴 때, 방탕함과 신성모독과 음란과 도적질 같은 무거운 죄들을 버릴 수 있습니다.

세상에서 벌어지는 수많은 죄들은 물어볼 것도 없이 우리 마음의 타락에서 비롯된 것입니다. 그러므로 우리의 마음과 영혼이 다시 회복되면, 모든 악은 사라져 버릴 것입니다.

죄는 믿음과 기도가 부족한 영혼을 점령해 버립니다. 방황하는 형제자매들에게 끝없는 변론에 빠지지 말고 단순하게 믿고 성실하게 기도하라고 가르치십시오. 그럴 때 그들은 하나님의 품으로 인도될 것입니다.

남에게 보이는 겉만 가꾸고 내면의 영혼은 소홀히 하는 사람은 엄청난 손해를 보게 될 것입니다. 영혼을 돌보라는 소임을 맡은 사람들이 이 중요한 사실을 양 떼에게 전하지 않는다면 주님에게 어떤 평가를 받겠습니까!

어떤 분은 이 방법에는 위험이 도사리고 있을 뿐 아니라 평범한 사람들은 영적인 것들을 이해할 수 없다고 스스로에게 변명할지도 모릅니다. 그러나 성경은 분명히 말합니다.

"여호와의 증거는 확실하여 우둔한 자를 지혜롭게 하며" 시 19:7.

예수님이 걸어가신 참된 길을 걷는 데, 우리 자신을 그분께 포기하는 데, 우리의 눈을 그분께 고정시키는 데, 그분의 은혜를 온전히 신뢰하는 데, 거룩하고 순결한 하나님의 사랑을 닮기 위해 우리의 영혼이 온 힘을 다하는 데 도대체 무슨 위험이 있다는 말입니까?

이 단순한 실천들이야말로 우리를 완전함에 이르게 할 수 있습니다. 그 방법들이 갖고 있는 온유함,

순결함, 겸손함 같은 특성들은 완전함에 이르는 데 꼭 필요한 조건들입니다. 또한 이 실천들은 자세한 설명을 요구하지도 않고 자신의 방법만을 고집하지도 않습니다. 그러나 스스로에 대한 자부심의 노예가 되고 그로 인해 눈먼 사람은 하나님이 베푸시는 은혜에 심한 거부감을 느낍니다.

> "주의 말씀을 열면 빛이 비치어 우둔한 사람들을 깨닫게 하나이다" 시 119:130

영적 아버지라 자처하는 이들이여! 당신의 어린 양들이 그리스도께 나아가는 데 있어 당신이 장애물이 되지 않도록 주의하십시오. 예수님은 사도들에게 말씀하셨습니다.

> "어린아이들을 용납하고 내게 오는 것을 금하지 말라 천국이 이런 사람의 것이니라" 마 19:14

어린아이 같은 사람들이 하나님을 경험할 수 있습니다. 그래서 예수님은 아이들을 쫓아 버리는 제자들을 꾸짖으신 것입니다.

사실 병든 곳은 우리의 내면인데 우리는 얼마나 자주 외적인 것에만 신경 쓰고 있습니까? 사람들이 언제나 인류를 개혁해 보려고 하지만 괄목할 만한 성과를 거두지 못한 것은 내적 문제보다 외적 문제에 치중해 왔기 때문입니다. 하지만 우리는 먼저 마음의 문제를 다루어야 합니다. 그럴 때 외적 문제들은 자연스럽게 해결될 것입니다.

마음으로 하나님을 찾으라고, 그분을 생각하라고, 오직 그분을 기쁘게 해드리는 것에만 관심을 가지라고 가르치는 것은, 그 사람을 모든 은혜의 근원으로 인도하는 것입니다. 그곳에서 그는 성화(聖化)에 필요한 모든 것을 발견할 것입니다.

여러분, 특별히 다른 영혼을 책임지고 있는 이들에게 부탁합니다. 지금 바로 가서 사람들에게 예수 그리스도의 길을 가르치십시오. 내가 아니라 바로 예수님이 당신을 이 일에 부르셨고, 그분이 흘리신 보혈로 이 사람들을 친히 당신에게 맡기셨기 때문입니다.

하나님의 은혜를 전하는 이여, 하나님의 말씀을 설교하는 이여, 거룩한 예배를 인도하는 이여, 하나님 나라를 위해 일하십시오! 그분이 당신의 마음을 다스리게 하십시오. 순종과 불순종을 결정하는 것은 당신의 마음이기 때문입니다.

젊은이들에게 기도를 가르치십시오. 이론이나 기술이나 지식이 아니라 마음으로 기도하도록, 인간이 꾸며낸 기도가 아니라 성령으로 기도하도록 가르치십시오. 정해진 형식을 따라 기도하라고 가르치는 것은 그들 앞에 거대한 장애물들을 만들어 내는 것입니다. 그들에게 세련된 기도문을 가르치려고 노력하지 마십시오. 그것은 그들을 잘못된 길로 인도하는 것입니다.

가련한 자녀들이여, 하늘에 계신 아버지께로 나아가십시오. 그리고 편한 말투로 그분께 아뢰십시오. 당신의 말투가 단순하고 투박하다 할지라도 괜찮습니다. 외모가 아닌 사람의 중심을 보시는 하나님께는 전혀 문제가 되지 않습니다. 육신의 아버지도 형식적인 말보다는 사랑과 존경이 배어 있는 말을 기뻐합니다. 마음에서 우러나온 말이기 때문입니다. 가식 없는 사랑은 어떤 말이나 어떤 완벽한 논리보다 사람의 마음을 감동시킵니다.

인간은 정해진 규칙에 따라 사랑하길 원하지만, 그러면 사랑은 많은 부분을 상실하게 됩니다. 사랑의 참된 기술을 가르치는 것이 얼마나 필요한지요!

하나님을 사랑하는 법을 배우는 가장 좋은 방법은 그분을 '그냥' 사랑하는 것입니다.

하나님의 영은 우리의 도움이 전혀 필요 없습니다. 그분이 원하시면 평범한 목동이 선지자로 변화될 수 있습니다. 그는 기도의 전으로 향하는 문을 활짝

열고 넓은 길 위에서 이렇게 외칩니다.

"어리석은 자는 이리로 돌이키라" 잠 9:4.

이 장을 예수님의 말씀으로 마무리하겠습니다.

"너희가 내 안에 거하고 내 말이 너희 안에 거하면 무엇이든지 원하는 대로 구하라 그리하면 이루리라" 요15:7.

기도를 통해 얻는
사랑의 능력

"진실한 사랑에는 능력이 있습니다."

 언젠가 성 아우구스티누스는 말했습니다.

"하나님을 사랑하십시오. 그런 다음 당신이 좋아하는 일을 하십시오."

예수님은 또한 이렇게 명령하셨습니다.

"네 마음을 다하고 목숨을 다하고 뜻을 다하여 주

너의 하나님을 사랑하라…네 이웃을 네 자신같이 사랑하라"마 22:37, 39.

이 명령에 순종하고 있다면 당신은 하나님의 뜻 안에서 기도하고 있다고 확신해도 좋습니다. 당신도 알겠지만 누군가를 사랑하면 가장 좋은 것만을 주고 싶습니다. 사랑하는 사람의 마음을 아프게 하거나 상처를 주는 것은 상상할 수도 없는 일입니다.

하나님과 가까워지면 가까워질수록 삶 속에서 하나님의 사랑을 더욱 많이 경험하게 될 것입니다. 하나님은 곧 사랑이시기 때문입니다.

하나님은 우리 안에 거하러 오실 때 모든 능력과 선하신 것들을 함께 가지고 오십니다. 그래서 그분이 우리를 소유하시는 만큼 우리는 그분의 선함과 사랑을 경험하고 소유하게 되는 것입니다.

참되고 변함없는 사랑을 하기 위해서는 반드시 하나님의 성품을 소유해야 합니다. 그런데 은혜로우신 하나님은 그 성품을 이미 우리에게 주셨습니다. 그래서 우리가 하나님을 사랑할 수 있는 것입니다.

우리는 만왕의 왕이신 하나님의 상속자들입니다. 하나님은 자녀들을 목숨처럼 아끼고 사랑하십니다. 그러나 거짓을 행하는 자녀들은 용납하지 않으십니다. 하나님은 거짓을 용납하실 수 없는 정직과 공의와 거룩의 하나님이시기 때문입니다.

하나님을 아는 자녀들은 이타적인 사랑을 자발적으로 타인에게 실천합니다. 그들은 이 사랑을 하나님께 배웠으며, 때문에 당연히 이 사랑을 아낌없이 타인에게 베풉니다.

하나님을 사랑하는 마음이 커지면 고통과 역경을 만나도 물러서지 않습니다. 어떻게 하면 하나님을 기쁘게 해드릴까만 생각합니다.

진실한 사랑에는 능력이 있습니다. 딱딱하게 굳은 마음을 부드럽게 해줍니다. 상처받은 영혼을 치유해주고, 갈가리 찢긴 마음도 다시 사람과 영혼에 대한 사랑으로 불타게 해줍니다. 진실한 사랑은 사분오열된 공동체를 하나 되게 합니다.

그러므로 당신의 야망과 당신 자신을 잊으십시오. 그리고 하나님을 더욱 사랑하십시오. 그렇게 할 때 당신은 피조물보다 창조주를 더욱 사랑하게 되며, 주변의 모든 사람들을 진심으로 사랑하고 그들과 어울려 사는 법을 배우게 될 것입니다.

기도의 최종 목적지

"우리의 최종 목적지는 영원한 하나 됨입니다."

기도를 통해 하나님을 경험하는 여행을 함께하며 많은 내용들을 살펴보았습니다. 그렇다면 과연 우리의 최종 목적지는 어디일까요?

바로 삼위일체이신 하나님과 영원히 하나 되는 것입니다.

지금까지 제안했던 어떤 방법도 그 자체가 최종 목적지는 아닙니다. 모든 것이 전파되고 모든 일이 성취된다 해도, 하나님이 하나님이란 사실은 영원히 변하지 않습니다. 인간에 속한 모든 것과 인간이 행한 모든 것들은 아무리 고상해 보일지라도 반드시 무너질 것입니다.

자아의 모든 노력들은, 아니 자아란 존재 자체는 반드시 무너져야 합니다. 자아만큼 하나님을 대적하는 것도 없기 때문입니다. 우리 영혼의 순결은 자아를 상실한 정도에 비례해 증가합니다. 당신은 자아와 멀어짐으로 순결과 하나님의 순수를 선물로 받게 될 것입니다.

하나님의 순결함과 피조물의 불결함, 하나님의 단순함과 인간의 복잡함같이 너무나 상반되는 두 가지가 하나 되려면 피조물의 노력 이상의 것들이 요구됩니다. 다시 말하면 전능자의 역사가 아니고서는 결코 이 같은 일이 일어날 수 없다는 것입니다. 전혀 다른 둘이 하나 되기 위해서는 먼저 어느 정도는 비슷해져야 합니다. 순수한 하나님의 사람이 되기 위해서는 모든 불순물들을 제거해야 합니다.

하나님과 하나 되기 위해서는 반드시 그분의 무한한 고요함 속으로 들어가야 합니다. 그렇게 하지 않으면 당신은 하나님과 하나 될 수 없습니다. 또한 그분이 주시는 안식 안에서 회복되고 순결해질 때까지 당신의 영은 결코 하나님과 하나 될 수 없습니다.

그러면 하나님은 어떤 방법으로 우리를 순결하게 만드실까요? 하나님은 그분이 오시기 전에 먼저 모든 불순한 것들을 태워 버리는 불의 형태로 지혜의 성령을 보내십니다. 그 불의 위력 앞에 남아날 수 있는 것은 아무것도 없습니다. 그 불은 모든 불순한 것들을 태워 버립니다. 하나님은 지혜의 성령으로 피조물의 모든 불순물들을 소멸시켜 하나님과의 연합을 준비시키십니다.

대장장이가 풀무 불에 쇠를 연단하듯, 하나님은 지혜의 성령을 통해 당신의 영을 순결하게 만드십니다. 금은 모든 불순물들을 태워 버리는 불 속에서 순수해집니다. 불순물이 낀 부분은 금으로 바뀔 수 없습니다. 모든 불순물은 뜨거운 불 속에서 녹고 용해되어 제거되어야 합니다. 오염된 부분이 모두 사라질 때까지 그래서 더 이상 정련이 필요 없어질 때까지 반복해서 풀무 불 속으로 들어가야 합니다.

불순물이 다 제거된 금은 이제 솜씨 좋은 세공인을 만날 준비가 되었습니다. 이후로 금의 색깔이 변하거나 얼룩이 지면 그것은 외부의 우연한 접촉에 의해 단지 표면에 더러운 것이 묻은 것뿐입니다. 이것은 금을 세공하는 데 아무런 지장을 주지 않습니다. 표면에 생긴 얼룩은 앞서 말한 금의 순도를 떨어뜨리는 불순물과는 상당한 차이가 있습니다.

이것이 바로 바울이 "그 불이 각 사람의 공적이 어떠한 것을 시험할 것임이라"고전 3:13고 선언했던 말씀의 의미입니다. 그는 덧붙여 말합니다.

"누구든지 그 공적이 불타면 해를 받으리니 그러나

자신은 구원을 받되 불 가운데서 받은 것 같으리라"
고전 3:15.

바울은 하나님의 자비로 받아들여지기는 했지만 여전히 불순물이 섞여 있어 아주 질이 낮은 금들이 있다고 말합니다. 그런 금들은 반드시 불을 통과해서 불순물을 제거해야 합니다.

하나님은 바로 이런 의미에서 우리의 의로움을 평가하고 심판하실 것입니다.

"그러므로 율법의 행위로 그의 앞에 의롭다 하심을 얻을 육체가 없나니 율법으로는 죄를 깨달음이니라"롬 3:20.

의로우신 하나님은 예수 그리스도에 대한 우리의 믿음을 그렇게 평가하실 것입니다.

이와 같이 하나님의 정의와 지혜는 모든 불순한

것을 집어 삼키는 불이 되어 인간의 영혼이 하나님과 하나 되기 전에 모든 세상적인 것들과 육적인 것들을 반드시 소멸시킬 것입니다.

피조물의 힘만으로는 도저히 이를 성취할 수 없습니다. 사실 피조물은 자아를 너무도 사랑한 나머지 그것이 파괴되는 것을 두려워합니다. 그래서 언제나 머뭇거리며 아무 일도 하지 못합니다. 그러므로 하나님께서 권위를 갖고 강력하게 주장하지 않으시면, 그는 결코 그것에 동의하지 않을 것입니다.

한 가지 덧붙일 말이 있습니다. 하나님은 분명 우리의 주권자이십니다. 그러나 그렇다고 해서 인간의 자유 의지를 완전히 묵살하시지는 않습니다. 그러므로 인간은 언제든지 하나님의 계획을 거절할 수 있습니다. 하나님이 인간의 동의를 무시하고 독재자처럼 행동하신다는 생각은 잘못된 것입니다.

이에 대해 조금 더 설명하겠습니다. 인간의 회심에 있어서 하나님이 전권을 갖고 모든 일을 준비하셨기 때문에 인간이 하나님께로 회심하는 것은 일종의 '수동적 동의'라고 할 수 있습니다. 하지만 인간이 하나님의 뜻에 자신을 '기꺼이' 드린다는 점에서 또한 '능동적 동의'이기도 한 것입니다.

그러나 하나님이 불순물을 제거하기 시작하시면 대부분의 경우 이를 자신의 유익을 위한 것이라고 생각하지 않습니다. 오히려 그 반대로 생각합니다.

금이 처음 불 속에 들어가면 색이 밝아지는 것이 아니라 오히려 어둡게 보입니다. 순결해지는 과정에서 영혼도 이와 동일한 과정을 경험합니다. 그런데 이런 경우 대부분의 사람들은 이렇게 생각합니다.

'내가 순결해진다는 것은 불가능해!'

그래서 그에게 능동적으로 정확하게 동의하라고 요구하면 거의 그렇게 하지 못합니다. 아마도 대부분의 경우 동의를 유보할 것입니다. 이럴 때 그가 할 수 있는 것은 하나님이 하시는 모든 일을 가능한 한 꾹 참고 견디면서 수동적 동의 상태를 끝까지 유지하는 것입니다.

이런 방법으로 하나님은 인간과 하나님 사이에서 엄청난 불일치를 조장하는 자기중심적인 잡다한 일들을 제거해 한 영혼을 순결하게 만드십니다.

이 순결 과정은 오랜 시간을 요할 수도 있습니다. 그러나 용기를 잃지 마십시오. 그리고 하나님께 완전히 흡수될 때까지 성령 하나님께 자신을 내어 드리십시오.

하나님을 더욱 사랑하십시오.

그렇게 할 때 당신은 피조물보다 창조주를

더욱 사랑하게 되며,

주변의 모든 사람들을 진심으로 사랑하고

그들과 어울려 사는 법을 배우게 될 것입니다.

Epilogue

진리의 종착지에
이르십시오!

"오직 한 일 즉 뒤에 있는 것은 잊어버리고 앞에 있는 것을 잡으려고 푯대를 향하여 그리스도 예수 안에서 하나님이 위에서 부르신 부름의 상을 위하여 달려가노라" 빌 3:13-14.

함께 여행하던 일행 중 한 사람이 도중에 그만 정신을 잃었습니다. 잠시 후 정신을 차린 그는 여행을 포기하고 여행객들 사이에 평판이 좋은 여관에 남아 있다가 몸이 좋아지면 집으로 돌아가겠다고 했습니다. 만약 이런 상황에 처한다면 당신은 어떻게 하겠습니까?

이 질문에 대한 대답이 바로 이 책을 읽는 모든 분들에게 말하고 싶은 핵심입니다.

목적지까지 가십시오!

잠시 어려움을 만났다고 해서 당신의 여정을 포기하지 마십시오.

하나님을 경험하기 위한 여행을 떠날 때, 초반에는 별다른 일이 일어나지 않을 것이라고 방심하지 마십시오. 그때, 여러분은 첫 번째 관문을 만나게 될 것입니다. 그러나 여행길의 초입부터 남의 도움을 받지 마십시오. 그런 도움은 예수님 안에서 성장하는 데 오히려 해가 될 것이기 때문입니다. 사람의 도움을 멀리하십시오. 아버지께서 교제하자고 부르시면 그

부르심을 마음에 새기고 좁은 길로 들어가기만 하십시오.

바울의 모범을 따라 "하나님의 영으로 인도함을" 롬 8:14 받으십시오. 그는 하나님을 즐거워하는 최종 목적지로 당신을 인도할 것입니다.

우리가 창조된 유일한 목적은 하나님을 즐거워하는 것이란 말에 많은 사람들이 동의할 것입니다. 그러나 분명 그에 못지않은 많은 사람들이 그것을 두려워하고 심지어 회피할 것입니다. 또한 이상하게도 상당수의 사람들이 악한 생각과 타락을 조장하는 생각을 즐깁니다. 당신은 그러지 마십시오. 하나님이 주신 현재와 미래의 당신의 존재를 완전하게 만드는 생각만 하십시오. 그리고 하나님께서 지극히 높고 선하신 분이란 사실을 망각하지 마십시오. 하나님과 연합할 때, 그분은 당신에게 필요한 모든 복을 내려 주실 것입니다.

아무리 노력해도 당신 혼자서는 하나님과의 온전

한 연합을 이룰 수 없습니다. 그 일을 시작하시는 분이 다름 아닌 하나님 그분이시기 때문입니다. 그러므로 단순하게 순종하십시오. 그럴 때 하나님은 아름다운 방법으로 당신과의 하나 됨을 계속 유지해 주실 것입니다.

이 길은 위험하지 않습니다. 예수 그리스도께서 앞서 가고 계시기 때문입니다. 이 길은 누구나 여행할 수 있는 길입니다. 행복을 경험할 수 있는 길입니다. 이생과 내생에서 "하나님과 교제하라!"는 부르심을 들을 수 있는 길입니다.

여기에서 강조하고 싶은 말이 있습니다. 단지 그분이 주시는 선물들만을 기뻐하지 마십시오. 도리어 '하나님 그분 자신'을 즐거워하고 기뻐하십시오.

물론 그분의 선물도 아름답긴 하지만, 그것이 당신의 영혼에 충만한 만족을 줄 수는 없습니다. 하나님이 주시는 가장 고귀한 선물도 하나님 그분이 없다면 행복을 줄 수 없습니다.

하늘에 계신 우리 아버지께서 늘 바라시는 소망은 모든 인간에게 그가 받을 수 있을 만큼 그분 자신을 주시는 것입니다. 그런데 왜 당신은 그분께 억지로 끌려 나가다시피 나아갑니까? 왜 두려움에 휩싸여 하나님과의 연합을 준비하지 않습니까?

어느 누구도 하나님과 연합하지 않았으면서 마치 하나 된 척할 수 없습니다. 배가 고파 다 죽게 된 사람이 배부른 체 가장할 수 없는 것처럼 당신의 거짓말은 곧 드러날 것입니다. 만족하지 못했다는 사실이 푸념이나 한숨 등과 같은 어떤 표시로 표현될 수밖에 없기 때문입니다.

사실 당신 스스로의 힘으로는 목적지에 도달할 수 없다는 사실을 다시 한번 상기시키기 위해 이 글을 썼습니다. 솔직히 나는 여러분 모두를 최종 목적지까지 안내할 수는 없습니다. 그저 하나님께로 나아가는 그 길을 손가락으로 가리켜 줄 뿐입니다.

간곡히 부탁드립니다. 그 길을 가다 여관에 눌러앉거나 본질과는 거리가 먼 일에 매이지 마십시오. 하나님께서 앞으로 가라고 신호를 보내시면 모든 것을 뒤로하고 떠나십시오.

목마른 사람을 시원한 샘물로 데려가 물을 마시지 못하게 꽁꽁 묶은 다음 목이 타 죽을 때까지 지켜보는 것만큼 끔찍하고 잔인한 일도 없을 것입니다. 그런데 우리는 날마다 이런 일을 저지르고 있습니다.

하나님께로 가는 여정 가운데는 출발점과 과정과 종착점이 있습니다. 종착점에 가까이 가면 갈수록 출발점과는 점점 더 멀어지게 됩니다. 그곳에 가기 위해서는 반드시 이곳을 떠나야 합니다.

하나님을 알기 위해 끝까지 가십시오!

포기하지 말고 시작한 일을 마무리 지으십시오.

자신의 눈먼 지혜를 자랑하는 허다한 사람들을 본받지 마십시오.

예수님은 말씀하셨습니다.

"천지의 주재이신 아버지여 이것을 지혜롭고 슬기 있는 자들에게는 숨기시고 어린아이들에게는 나타내심을 감사하나이다"마 11:25.

이 말씀 속에 얼마나 놀라운 진리가 숨어 있는지 아시겠습니까?

Experiencing God through Prayer

이렇게 기도하세요 ─────────

새 힘이 필요할 때

제 삶을 특별하게 만드시고 저에 관한 모든 날들을 생명책에 기록해주신 하나님을 신뢰합니다. 아버지께서 저를 이 세상에 보내셨고, 하루하루를 이미 계획하셨다는 사실을 항상 기억하게 해주십시오. 매일매일 주님이 주시는 힘과 용기로 살아가게 하소서. 아멘

자존감이 무너질 때

아버지, 때때로 하나님의 사랑 밖으로 밀려났다고 느낄 때에도 하나님은 변함없이 저를 사랑하셨음을 이제는 알 수 있습니다. 내 삶의 작고 작은 영역까지도 세심하게 살피시는 하나님을 더욱 신뢰합니다. 내

머리카락까지 다 세고 계실만큼 제게 관심을 가지고 배려해주심을 감사드립니다. 아버지께서 저를 그 무엇보다 귀중한 존재로 뜨겁게 사랑하심을 느낍니다. 이 행복한 깨달음을 이 순간 내 마음 깊숙히 새겨지게 하소서. 아멘

공급자인 하나님의 도우심을 구할 때

아버지, 저는 그동안 여러 가지 크고 작은 필요 앞에서 걱정을 앞세웠습니다. 하지만 이제부터는 오늘 하루의 필요를 온전히 채워가실 아버지께 모든 것을 맡깁니다. 저를 깊이 사랑하시는 아버지 곁에 오늘 더 가까이 다가가 필요한 모든 것을 구하게 하소서. 아멘

위로자인 하나님을 만나고 싶을 때

아버지, 제 마음이 상하고 슬픔으로 눈물 흘릴 때 하나님은 제 곁에 가까이 계셔서 위로하신다는 사실에 용기를 얻습니다. 상처받고 좌절한 저를 아버지의 사랑의 팔로 안아주소서. 돌아보니, 인생의 가장 힘든 순간마다 하나님은 항상 저와 함께 계셨습니다. 어려운 순간마다 피난처가 되시는 주님을 의지합니다. 아멘

아버지의 자녀라는 확신이 필요할 때

아버지, 때로는 세상이 저에게 등을 돌리는 것 같습니다. 그러나 아버지의 사랑은 모든 일들이 합력하여 선을 이루게 하십니다. 예수님은 저를 향한 아

버지의 사랑을 증명해 주셨고, 아버지의 한없는 너그러움과 보살핌에 대한 확신을 얻게 해주셨습니다. 제가 영원히 아버지의 자녀라는 사실에 감사드립니다. 아멘

터치북스는 이렇게 만듭니다

1. 마음과 영혼을 울리는 책을 만듭니다.
2. 경건한 독자들의 지성과 성품에 어울리는 책을 만듭니다.
3. 세월이 흘러도 간직하고 싶은 책을 만듭니다.
4. 영혼의 성장에 꼭 필요한 책을 만듭니다.
5. 출판으로 교회와 독자들을 섬기겠습니다.

하나님을 경험하는 기도

초판 1쇄 인쇄 2020년 11월 5일
초판 1쇄 발행 2020년 11월 10일

지은이 잔느 귀용
펴낸이 김태희 **펴낸곳** 터치북스

출판등록 2017년 8월 21일(제 2020-000174호)
주소 경기도 고양시 덕양구 통일로 800, 2층(관산동)
전화 031-963-5664 팩스 031-962-5664
이메일 1262531@hanmail.net

ISBN 979-11-85098-38-8

책값은 표지에 있습니다.
잘못 만들어진 책은 구입한 곳에서 바꿔 드립니다.